這次你怎麼沒有哭？

推薦序

蛻變楓杏

認識楓杏，是〇八年時服務團成立，從原本臺北醫大進修推廣處職掌的業務範疇中，獨立成一自主運作的社團。至今近十個年頭，一路看著它成長，屢屢突破，我既是十分感動，更與有榮焉。

事實上，楓杏真正令我感動的，不只在於它年年獲獎無數，或有能力出版服務學習的專書，更在於它的蛻變。

外界眼中的楓杏，是一個組織完整、規劃極有條理的服務隊，每年寒暑期不僅教育國小、國中、高中學子充實的醫學知識，服務近六千人，更捲動近百名臨床一線的醫護人員至澎湖湖西、望安、七美、白沙鄉等地進行服務，以義診、家訪服務，盡可能地為當地醫療稍有不足的環節做補強；以營隊服務，將醫療、護理觀念做更大程度的普及。同時也以「天人菊計畫」，將在地高中、國中的學子皆訓練成為服務夥伴，服務教育的潛移默化，是更深一層的內化與影響。改善醫療環境並有計畫地扎根教育，是楓杏近十年來的耕耘，也是外界給予高度肯定的成果所在。

不過，外界難以想見，而我所認識的楓杏，一開始卻是個充滿爭議的團隊。

楓杏團隊的成功並非一朝一夕，以往談服務隊，楓杏靠不上邊；談營隊、談教育，更受到許多同儕的挑戰與不信任。幸好有聖博與許多有志服務的孩子一點一滴地改革，從人力配置開始，到職權分配、組別分工等全部重新建立制度，後來更將服務往外推，做社區與山地原住民地區的醫學知識推廣、做離島義診與營隊服務，甚至去到我國邦交國之一的史瓦濟蘭，與臺北醫大附設醫院駐地醫療團攜手為南非洲的朋友把關健康。

從一個原本不被看好的隊伍，幾年後竟蛻變為成績豐碩且擁有高度執行力的團隊，聖博與楓杏的努力是有目共睹的。更可貴的是，我在團隊裡的每一人身上皆能看見一股氣質，這股氣質，是團結、效率、思考、創造能力，是謙遜有禮。

我期待見到楓杏繼續前進，帶動北醫畢業校友不間斷地投身社會關懷的行列，更希望曾參與服務的學子能謹記服務帶給你的感動，以及深思後飽滿的創意與想法。我相信，這將是臺灣社會越來越好的原動力。

臺北醫學大學講座教授
前衛生福利部部長
美國 AHMC 醫療集團聯合總執行長

邱文達

推薦序

扛起責任的青年

「青年可以改變世界」（Young people will change the world）。這是青年參加志願服務或服務學習的一種願景，也是一種使命。

「請相信，我們不是草莓族，我們有抗壓受挫的能力；請相信，我們不是冷漠不知感恩，我們有關懷社會的熱忱；請相信，我們不是憑空想像，我們有實踐夢想，改變世界的行動，我們是一群準備扛起責任的青年」。這是臺灣青年在二十一世紀青年宣言的一段告白。

政宇將他們參加臺北醫學大學醫療服務隊，連續多年到澎湖服務的體驗，加上他與北醫饒富服務經驗的前輩、同儕，以及服務據點澎湖當地的學校老師、服務參與者，透過對話過程，激盪服務理念，反思服務精義，並彙編成書，留下許多寶貴的足跡和成績。個人有機會先睹為快，深感這群可愛的青年朋友，不僅以行動證明他們有關懷社會的熱忱、有改變世界的雄心、有捨我其誰的堅持，而且他們所作所為，都符合服務學習的核心價值：

1. 合作（collaboration）：在服務過程，經常與服務地區的教師、學生、居民、相關機構，進行溝通協調，共同決定或調整服務的方式。

2. 互惠（reciprocity）：以服務地區與服務對象的需求為前提，先幫助他們完成心願，再完成團隊服務偏鄉的心願，彼此互助，共享成果。

3. 多元（diversity）：因應服務地區或服務對象的不同需求，分別提供醫療、健康促進、關懷訪視等多種服務。

4. 以學習為基礎（learning-based）：以服務團隊成員所具備的醫藥專長，再結合相關專業的資源，提供高品質的專業服務。

5. 以社會正義為焦點（social justice focus）：評估醫療資源可能較不足的地區、服務需求可能較迫切的人口群，優先為他們提供必要服務。

基於上述讀後心得，個人很高興能寫序推薦這本專書，以與關心青年服務的朋友分享，期待二十一世紀青年宣言的另一段亦可早日實現：「人人像志工般地相互扶持，人人都能有自信地多元發展，山綠水清，魚躍鳥鳴，成為幸福家園。」

前臺灣師範大學社會教育學系
長榮大學社會工作系教授
林勝義

推薦序

省思：突破的起點

服務不是單向的給予，是雙向的成長與感恩。

服務社會是臺北醫學大學的教育宗旨，校園近百個學生社團中，服務性社團就近二十，不難想見北醫學生樂於服務的本質。風氣所及，大一新生入學後，均以加入這些社團為榮，利用寒暑假出隊到海內外有需要的地方，從一次又一次的活動中，學習手心朝下的謙卑與力量。

近年來，楓杏醫學青年服務團、海外醫學服務團南印度隊及杏青康輔社會服務團等社團，多次獲頒教育部、衛生福利部及國際傑人會等獎項，更榮獲總統接見，實屬難得。

帶著這些優良傳統，在學期間即積極投入服務性社團的政宇，花了不少時間將學生時期深入山巔海角從事醫療及教育服務的點點滴滴整理出來，撰寫成書，既紀錄曾走過的足跡，也提供後繼者一些寶貴經驗，將服務社會的初心一代代傳承下去，讓臺灣真正成為一個充滿愛的島嶼。

透過《這次你怎麼沒有哭？》，政宇摒除歌功頌德的辭句，以真誠的態度檢視大專校院學生社團走入人群引發的諸多現象，經過一次次沈澱與過濾後，提出省思。

他語重心長地說，偏鄉不偏，偏的是心。當地需要的，不是一場短暫、熱鬧、如節慶般的活動，而是懂得溝通、對話與交流的團體，即便來者只是大學生，只是經驗尚淺的年輕人。重要的是，這群從外地來的年輕人要懂得傾聽，懂得如何找到資源並善加運用，否則只會造成當地的負擔。

政宇甚至提出反思，「你能肯定自己的作為，真的是善舉嗎？你所做的種種努力，帶給當地的，會是雪中送炭嗎？」這些問號，標示出他和他的同伴們已成長到一個高度，讓我深以為傲。

走過來時路，《這次你怎麼沒有哭？》不僅告訴熱血澎湃的年輕人，不論要走到哪一處鄉鎮、哪一個國家，唯有懷抱著善念與正確的態度，每次出隊才能創造多贏，利益眾生。

這本書同時也是一個省思的窗口，我相信，從這裡作為起點，唯有省思，方能突破。

臺北醫學大學校長

閻雲

自序

往回走

「這次你怎麼沒有哭？」分享會結束，夥伴好奇地看著我。

「哭？」我沒聽懂。

「上次分享會你哭到不行，我們都嚇壞了，不曉得怎麼安慰你，怎麼今天你卻很輕鬆的樣子？」

「和孩子們都那麼熟了，有什麼好哭的。」我笑著說。

「以前哭，是因為帶完營隊大家哭成一團，感覺好捨不得，好像以後再也見不到了。可是這次不會捨不得啊，我帶的孩子們都長大了，我們像老朋友，約好了一年聚一次。一年沒見，我說上了國二要加油，他變得好高，一把搭著我的肩，他說你才要加油，出社會很辛苦。」

說來很奇妙，大學四年，每年都跟著服務隊到澎湖義診、辦醫學營。卻從沒想過畢業這一年服役，一抽就是澎湖，臺下的同袍拼命忍笑，畢竟抽到外島籤，真是一件特別「幸運」的事。

那短短短的一瞬間，回憶翻湧而至。

記得大一的時候，我們都說澎湖是一個很特別的地方，只要來到這裡，在紅羅村的星空下，看看夜色、聽聽風聲，就會想通很多事情。原本解不開的結、過不了的關，都會有了辦法。

真的嗎？

大一時的小隊輔，現在跑到澎湖要住上一年，原本像觀光景點的馬公市中正路，成了每天慢跑必經的路線。觀光客問的必吃名店，是我的日常早點。

「燒餅蛋不要沙拉，溫紅茶。」老闆娘瞄了一眼，反射性說出這一句。

「對，謝謝。」我是常客。

夜晚，為了去一處安靜的地方，我會繞過宿舍後面，靜靜地走一段漁港旁的木棧道。這一年，我住在海的左邊。

澎湖的星空真的讓我想通了不少事。

例如服務。

我開始計劃著往回走，社團歷屆的會議資料、成報、照片、影片檔，一個一個找來看，跟著楓杏從第一屆醫療隊、第一屆成立社團、第一場社區醫學知識計畫，回到二〇〇二年第一梯營隊。一路往回走，楓杏從草創到成長的步伐，我跟著踏過一遍。

接著，我約了無數次的訪談。我想問經驗老道的帶隊老師、歷任團長對服務的想法和建議，以及藏在心裡的矛盾和兩難，和曾經冒出「這麼做真的好嗎？」的念頭卻擱下未再細想的，我也想知道他們曾是小隊輔時，是如何看待服務的，那時的想法和後來有什麼差別？服務經驗是否改變了他們？

我想問營隊的國小老師，他們想對這群大學生說些什麼？問國小的孩子們，他們喜不喜歡來，為什麼？

在教室花圃前，幾個孩子嘻嘻哈哈地坐成一排，我正經八百地說：「今天要說真心話喔！」

「好，第一個問題，你們最喜歡哪一堂課？」我問。

「踢球！」孩子們齊聲大喊。

「不是，是那種在教室裡上的課。」

「白弟，那種都忘光光了！」

「……。」（淚）

我想問爺爺奶奶的，不是藥吃了沒、有沒有運動，是想聽聽爺爺奶奶年少時候的回憶，屬於他們的青春；問照顧著他們的看護還有新住民媽媽們，這些臺灣社會新識的朋友，他們過得適應嗎？可以的話，我想聽他們說家鄉的故事。

還有，我很想找一位大孩子，他是第二屆馬公高中醫學營的學員，後來加入天人菊計畫志工隊，跟我們一起義診、家訪。

我們一直保持聯繫，去年，他如願考上了護理系。

而在今年，他說他已經做好準備，要走向國際志工服務的行列。我想找他，等他暑假回國，要親手送上這一本書，聊聊他的故事，聊聊服務。

我想為楓杏留下一篇紀錄，很鄭重地對它說聲謝謝。以往社團分享的時候，我都說服務隊教會我堅定。因為在它的保護傘之下，我們得以做到一切想都沒想過的事。我們衝撞、挫折，卻可以毫髮無傷；我們一次又一次地不安、退縮、甚至逃避，卻一次又一次被學長姐鼓勵，然後重拾堅定。

就像這本書寫到幾乎要放棄的時候，文成哥在電話裡告訴我：「這本書對我們服務人來說，是很重要的回饋，我知道你會告訴我們，我們曾經的努力是多麼有價值。」

我知道我想告訴你們，服務，是多麼有價值。

在教育服務裡，我們種下了一顆顆種子，靜靜地等待成長、綻放的那一日。後來，再見的時候，原本害羞扭捏的，變得落落大方；原本對未來支吾其詞的，也定下他非完成不可的夢想。

我們看到花開，更看到新的種子正在醞釀。

醫療服務引領著我們蹲下身、敞開心細細地傾聽土地，她的歷史、價值，她的美好與傷痛，我們和土地貼得越近，就越清楚自己將要往哪裡去。生於斯，成長於斯，當曾經的種子長成高高的樹，我們知道，這棵樹成長得越驕傲挺拔，根扎得越深。

感謝與我分享你們的故事、認真地討論服務的盧教授、黃師伯、文成哥、南淵哥、祁醫師、玉琪姐、聖博哥、家弘哥、嫚妮、浩浩、竹姐、雷邱、東東、山神、家瑺、宇萍、黃河、聖聖、貴貴、智皓、堯任、平成、大融、下巴、林毅、秉怡、怡君、芷筠；協助記錄美好照片的義錞、昱任、凱琳、思允、淳澤、嘉敏、庭頡、冠慧、騏福及每一位曾認真記錄的夥伴；畫出可愛又細膩插畫的莉筠；北藝大的好夥伴俐玟、嘉宏與天人菊的鉉亮。

感謝大都會文化，有你們的建議與協助，這本書才能順利出版；感謝北醫曾幫助我的幸萱姐、安璐姐、琇嫻姐、燁嫻姐；感謝在澎湖，陪我長談的沅庭、宥傑、博幼的徐老大、一筆站長與澎湖醫院藥劑科的大家；感謝楓杏永遠的好夥伴與所有曾給我建議、幫忙過我的好友們，有你們真好。

這是一本思辨、討論服務的書，也是我們服務的故事。我想獻給每一位曾為服務努力的你，希望讀完以後，闔起書，你會感覺到溫暖。

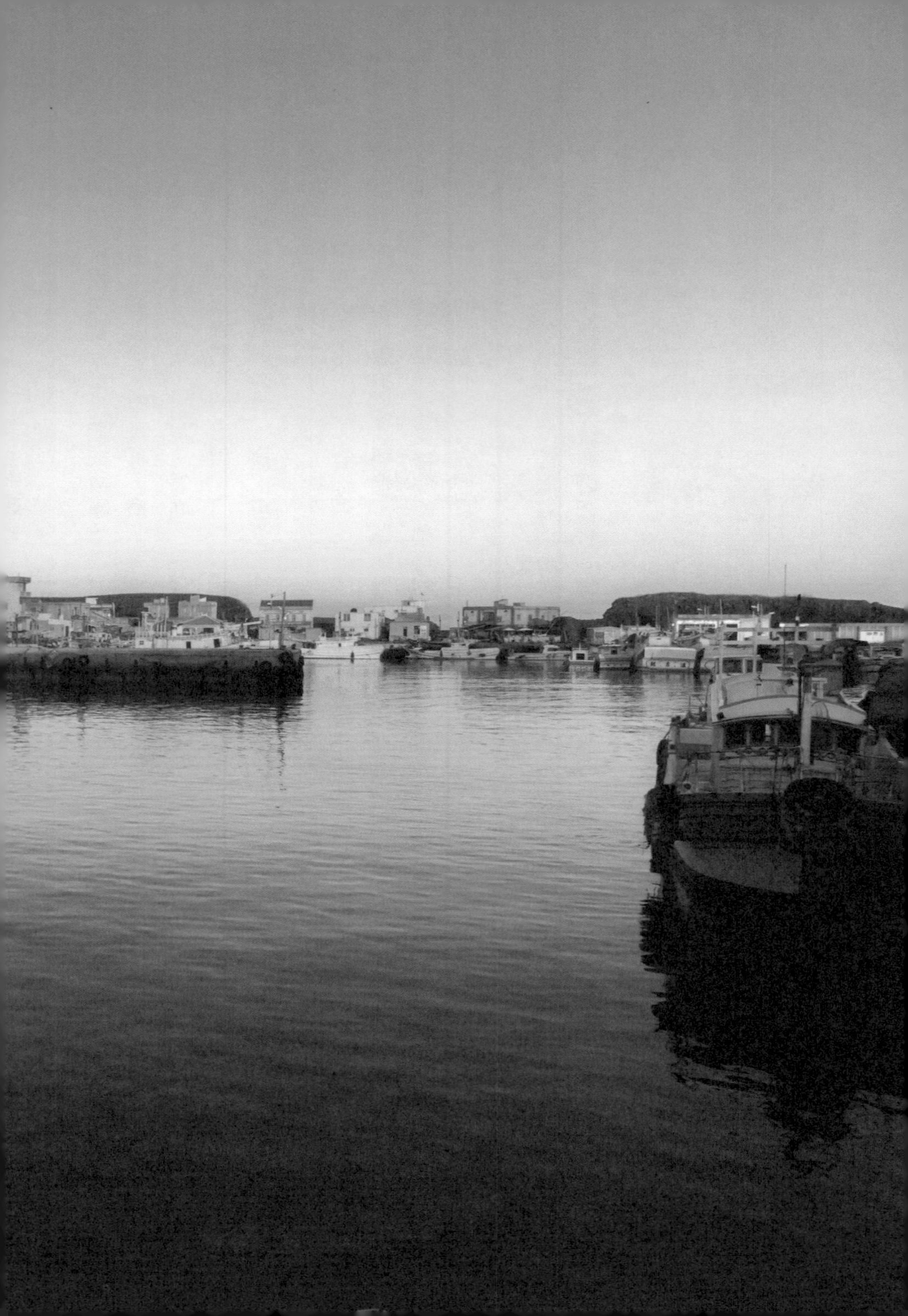

目錄

楔子

準備好要出服務隊了嗎？

見山，不是山

「這三年來，這幾戶定期訪視的爺爺奶奶改善了很多吧。」

當年創立醫療隊的團長黃河搖搖頭說：「在我看來，不論是身體健康、病痛、衛教觀念等等，改善非常少。」

「怎麼可能？我們都去這麼多年了，改善得非常少？」

「沒錯，爺爺奶奶的病一樣存在，高血壓一樣高，痛風也沒少痛過，我們一次一次地說水喝多一點、多吃蔬菜、少吃肉，他們聽進去的、改善的，微乎其微。」

「……那如果說，除了定期訪視計畫以外呢？整個醫療隊，我們花了這麼多心力去『服務』，對澎湖有沒有什麼幫助？」

「這很難說。」

「一定有的吧。你看，光去年我們就義診、家訪了一千多個民眾，也帶了一百多個醫學營的孩子。這些，都是幫助啊。」

「恐怕不一定——」

「哎，我知道你要說，單憑這些數字不一定能代表什麼實質幫助，對吧？」

黃河點點頭，「是的，即使服務的數字很完美，我們卻不知道，做這些服務的實質幫助有多大，如果不知道當地人是怎麼看待服務隊的，就很難確定服務對當地有沒有幫助。」

「……。」

「如果你是當地人，對你而言，什麼才是好的服務？」

「為什麼這麼問？」

「這很重要，如果不清楚當地人對服務隊真正的看法，那我們在做的，可能就只是自我感覺良好的服務罷了。」黃河說。

對於服務，我們有滿腦袋的疑問。但那些疑問多半一閃即逝，很多時候，我們得先處理人際關係、流程、突發事件等等，或者，如果參加的人數不如預期、滿意度沒那麼高的時候，我們也要傷透腦筋。疑問，往往被搪塞、被沖淡、被遺忘了。

慢慢地，服務越做越多，我們開始驕傲地說自己是個服務人，也被邀請成為服務學習的分享者，這才發現，我們分享的那些，僅只是聽來的「標準答案」。

服務，該怎麼做才好？

「這四年來我的想法改變了很多。」黃河笑了笑，繼續說：「從第一年服務隊到現在，途中的心境轉折就好像一開始見山是山，接著，開始冒出無數個疑問，見山，便不再是山了。」

準備好要出服務隊了嗎？

「一開始辦服務隊的想法很簡單：集結一群熱血青年，打包好當地需要的物資、醫療、知識，然後傾囊相授。這樣就是服務隊了。」黃河說。

「現在怎麼想？」

「現在知道，服務不是單向的給予，甚至我們帶去的，也不是當地真正需要的。對吧？」

「對。」

「所以我們開始修正，第一年出隊過後，我們把所有服務的項目攤開來審視，哪些是需要的，哪些可以被淘汰。還有，什麼是我們從未想過、當地卻迫切需要的。我們跟村長、鄉長討論，綜合每天義診、營隊後的檢討，再透過觀察，希望能找出最貼近當地的需求，給予協助。」

「這是為了讓服務方案的設計，從需求面出發？」

「是的，試著找到當地真正需要的。」

「嗯。」

「問題來了，什麼是『真正』需要的？我們眼裡的需求，數據統計的需求，甚至是村長、鄉長口中的需求。爺爺奶奶們真的需要嗎？」

「這問題好奇怪，當然需要啊。就拿眼科來說吧，不就是因為第二年義診發現當地的眼疾狀況普遍不好，所以請來眼科醫師來幫忙。這就是當地迫切需要的啊。」

黃河點點頭：「是啊。但是這幫忙，幫得了什麼忙？我們既不能開刀，檢查也做不澈底。能做的，和鄰近衛生所做的一模一樣，若是病情嚴重，也只能請他們到馬公市進一步檢查。那麼請問，我們給的這兩罐眼藥水和幾分鐘的衛教，爺爺奶奶真的需要嗎？」

「我知道能做的很少，可是——這衛教很重要啊。」

「這就是我的第二個問題了。記得有一次家訪，我們跟奶奶說要多吃蔬菜、多喝水，比較健康。事後想想，她已經是個九十六歲的老奶奶了，她的生活習慣在教科書裡可能是個壞示範。但她能走、能聊天、能開開心心地笑。我們又為什麼要試圖改變她什麼呢？」

「我們只是衛教啊，只是建議她，沒有逼她改啊。」

「那其實是會很無力的，如果你多走幾年，挨家挨戶地敲門、訪談、衛教，然後離開，一年過去了，隔年再來，結果什麼也沒變。你就會懂我說的這種無力感。有時候看到爺爺奶奶吃地下電臺買來的藥丸、胃散，他們說吃了好有效。我們看看藥，只要不會引起嚴重的副作用，通常也不會制止他們。」

「為什麼？」

「講白了，那已經是他們的小小信仰了。就算強力制止，通常也沒有用。」

「……。」

「這就是為什麼我感覺，見山，不再是山了。一開始，我心目中的服務是能做到改變，藉由衛教、醫療改變當地的生活習慣、想法等等。可是我卻越來越覺得，既然做不到改變，那『改變』真的那麼重要嗎？」

「等等，這也太消極了。做不到改變，不就要努力去找辦法改變現況嗎？你想，如果爺爺奶奶因為我們的衛教，願意從不運動變成會去散散步或是戒掉些壞習慣，那不是好事一樁嗎？」

「你說得對，可是哪這麼容易。這些習慣跟了他們幾十年了，你來二十分鐘，就想改變他們？」

「可是——」

「你知道嗎？那天有個糖尿病的奶奶笑笑地看著我，對我說『都這麼老了，剩沒幾年了，快樂就好啦。』她說完又含了一顆牛奶糖。我問你，服務隊不就是為了想帶給當地正確的醫療、衛教而來的嗎？如果我們什麼也改變不了，那為什麼要有服務隊？」黃河問。

白弟搖搖頭想反駁，腦海裡卻突然閃過一句話，讓他沉默了好一陣子。

他想起有個學長曾在臉書上寫：「服務、服務，多少罪惡假汝之名以行。」

這是事實嗎？

服務，在談成果以前，是否已經先對當地造成了打擾？服務，在你感覺到自我成長的背後，卻是一連串資源的浪費？

你能肯定自己的作為，真的是善舉嗎？你所做的種種努力，帶給當地的，會是雪中送炭嗎？或者，你在做的服務，其實只是打包好禮物去當聖誕老人？又或是到一處安靜的偏鄉拍照打卡，炫耀你多餘的愛心呢？

你可能曾經認真思考過，你會搖搖頭試著反駁。你說，「好的」服務，應該要經過長時間的傾聽、規劃，投注大量的心力、犧牲寶貴的假期，去實現「改變」，去完成「創舉」。

但你想過嗎？

如果你想實現的，根本不適合呢？你自以為的快樂，其實，只是多餘的一種負擔？你用心去看、去聽了嗎？你想帶給當地的，會是沒有寓教只剩娛樂的遊戲嗎？或是一次又一次善意的「分享」呢？

想好了嗎？

那麼，你準備好要出服務隊了嗎？

01

好老師、好朋友

一起去「偏鄉」服務

說起「服務隊」，你心裡浮現的畫面會是什麼？

從教育部青年發展署主辦的青年志工交流活動之中可以發現，即使服務隊名稱各異，類別與服務方案也百百種，卻幾乎都會與「教育服務」、「中小學營隊」有關。

例如，科技類服務志工到鄉下的爺爺奶奶家裡做電器維修，也到中小學辦營隊，輔導增進資訊媒介、新興科技的使用能力；環境類服務志工除了淨灘、淨溪，沒有意外地，也會到中小學辦營隊替孩子們上生態保育、綠能減碳的課程。

另外如社區、文化、健康及教育類的服務志工，也常常聯繫各地的中小學，由哥哥姐姐們帶來好玩有趣的營隊活動。

這代表著，如果你也出過服務隊，那麼你心中第一個浮現的景象，有很大的機率會是一座充滿笑聲的小學，你的記憶被夏日的陽光晒得暖烘烘的。

記憶裡還有幾個月色清朗的晚上，和好夥伴們百般克難地洗完了澡（或者根本沒法洗澡？），在寬寬闊闊的操場上席地而坐，聊服務要怎麼做、學弟妹該怎麼帶、明天、後天的流程有沒有突發狀況，有的話得怎麼臨機應變……偶爾，你們也乾脆地躺下來，在滿天靜寂的星空下，比畫著夢想。

在你的心目中，服務的目的地該往哪裡去呢？你曾經描繪過的服務藍圖，上頭的脈絡都還清晰嗎？你提出的種種疑惑，得到完美的解答了嗎？

如果你也出過服務隊，並且曾經認真思考「服務」這件事。那麼，請攤開你的藍圖，我們要從那座滿載著故事的小學討論起。

寫過幾本企劃書，或有出隊經驗的人，相信對「教育優先區」①這個名詞一定不陌生。

什麼是教育優先區？

在教育部的計畫案裡明列近三千所中小學，地區自首善臺北市到三級離島上的小學都有。選擇依據如交通不便、教師流動率、學習弱勢學生、或符合補助資格的學生比率等數項評估，高於平均指標的學校，就會被劃入教育優先區之列。這是大專服務隊選擇服務地點的重要參考依據。

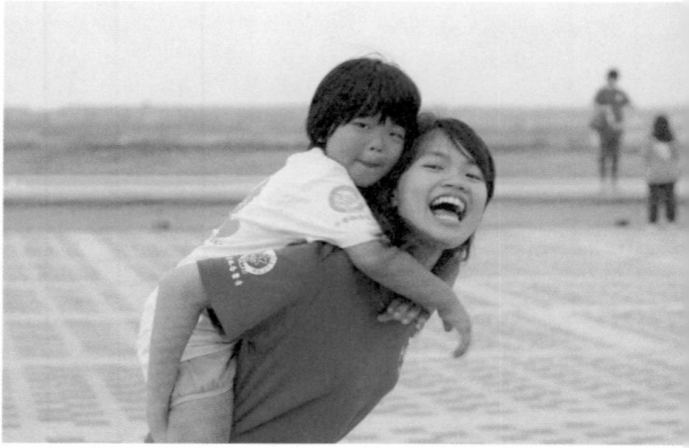

計畫案中也寫道：「鼓勵大專院校學生社團及民間團體青年志工，利用寒暑假期間，至教育優先區中小學免費辦理營隊活動，開啟消弭學習落差之新方向。並將服務學習之內涵與精神融入於營隊活動中，培養樂觀進取、積極奉獻及關愛社會之服務人生觀……。」

只不過，寒暑假期間三天、五天的營隊真能「消弭學習落差」嗎？

所謂的偏鄉，教育的落差又有多大呢？

《聯合報》做了一系列「願景工程——偏鄉教育」的報導，其中就說到偏鄉的小學裡，一堂課一學期能換兩個老師，甚至有的必須和隔壁學校共用老師。報上也提到「不是老師不想留，而是大環境讓老師不得不走。」[2]

我們曾問營隊的國小主任，上述的情形也發生在澎湖，在更遠的離島嗎？

主任點點頭說：「是的。你們想，離島的交通、生活機能不比都市便利，老師如果不是本地人，或有家庭相伴，他會留在離島的意願相對會比較低。」

第一年到望安國小辦醫學營，我們便得知這裡的師資流動率很高。實際的狀況，問了將軍嶼的小學老師之後，她告訴我們，那一年，學校的老師只有十二人，六位正式、六位代課教師，不過，正式教師皆為公費生，期滿將要離開。小五學生五年內換了五個導師，八月，整所學校將沒有一位正式老師。

所謂的教育落差，意思是在學校裡，講臺下的孩子是老鳥，比這些短暫停留的「候鳥老師」更資深。

「小朋友，你們有沒有什麼想做的事啊？」

「不知道——」

「還沒想——」

在將軍活動中心前，跟一群孩子玩背背。順口問了問孩子們的小小夢想，他們躲了又躲，只敢用手把臉遮起來，很小很小聲地回答。

中心的正前方是快艇停泊的小港，每日僅三班交通船往馬公。服務結束的那天上午，從將軍返回馬公市區的船上。靠窗座位上一個戴著耳機的妹妹，手裡一本滿滿筆記的英文單字書，她偶爾看看海、偶爾低下頭背幾個單字。對照一整船來島上義診的客人們，他們興奮的笑語，這將軍嶼的主人，顯得沉默多了。

妹妹腳上有一雙不太合腳的娃娃鞋，大了點，走路的時候若沒有用力踩穩，一隻腳跟會跑出鞋子，踩下去，換另一隻腳跟跑出來。

她要到馬公補習，待會還有小考等著她。將軍國小的三十九個國小孩子裡，不知道有誰會陪她一起？在清晨的時候搭上船，經過一個半小時的搖晃顛簸以後，到補習班認認真真地聽兩、三個小時的課，然後，得再趕上下午兩點半的船，回家。

她的家門前這一片無邊的海洋，連接馬公一個半小時、臺灣本島四小時的距離，若要換算成「城鄉差距」，答案，會是幾個英文單字呢？

談論偏鄉教育的問題不是我們的本意，事實上，大哥哥大姐姐帶來的營隊要說自己跟「教育」能扯上關係，那只怕還有相當大的距離。

而且，在偏鄉教育的現場，也看見越來越多人正用心投入。五年前，第一次開始在澎湖的小學辦營隊的時候，還未有團體、基金會進駐。這兩年，我們遇見了博幼社會福利基金會，兩年前愛搗蛋的小蘿蔔頭，現在每個禮拜固定時間要參加博幼的課輔。功課變好了，也更有禮貌。

其他像是誠致教育基金會、為臺灣而教等等，都正在為偏鄉教育努力著。偏鄉教育的現況迎來曙光的時候越來越近了，這實在是讓人振奮的事。只不過，那跟服務隊有什麼關係呢？

「服務隊」是我們真正想談論的，這些寒暑期營隊，一年裡只出現三、五天的稀客，在滾動偏鄉教育改變的輪軸中，能扮演什麼角色？

你們明年還會來嗎？

我們不想成為孩子們的天使。

畫面裡，一群熱血的大學生自編教材、教案，在寒暑假期間到偏鄉小學辦營隊。四天三夜的營期裡，來訪的哥哥姐姐帶著小朋友們念英文、算數學、教他們好玩的課程。

還記得第一天，哥哥姐姐說這裡的小朋友簡直是小惡魔，上課的時候有人在手冊上畫畫、有人到處亂跑、有人舉手要去廁所、還有人在吵架……就是沒有人專心注意臺上的小老師。

但是很快地，他們從完全的陌生到熟識，很快地，他們敞開了心胸，和小朋友變成超級麻吉。他們開始天南地北地聊，教室門口那一株甜甜的扶桑花，到操場邊鼻子長長的大象溜滑梯。原本不聽話的小朋友，漸漸變得乖巧，小惡魔也變得好可愛。小男生拉著哥哥要去看家裡養的大狗狗，小女生害羞地從包包裡摸出髮圈，要姐姐幫她綁條可愛的辮子。

最後幾個晚上，哥哥姐姐舉辦了熱熱鬧鬧的表演晚會，加上融入當地風俗的傳統戲曲、山地歌謠。他們在沉沉的夜色裡就著月光和音樂，一同放聲大笑……。

快樂的時光過得很快，營期一眨眼就到了尾聲。

離開的時候，哥哥姐姐不捨得地摸摸小朋友的頭說：「不要忘記我喔，我們是好

朋友。」

然後揮揮手，道別。

在漫漫長長的寒暑假裡，彼此都有了一段不同於平常的「美好回憶」。後來，小朋友寫了封信寄給哥哥姐姐，他們問：「你們明年ㄏㄞˊㄏㄨㄟˋ來ㄇㄚ？」

哥哥姐姐搖搖頭，有點慚愧。

他們不是不想回去，可是課業壓力讓他們自顧不暇，他們沒有心力再帶營隊了。他們不是不想回去，那座有著青青草地的小學，標誌著他們的青春，小朋友天真的笑容、好夥伴搭著肩膀唱的那一首營歌，一幕一幕的記憶都還清晰，可是，可是……。

叔叔阿姨，在你們走後的日子裡，聽說你們因為對我們的愛心獲得了學校的獎賞，你們的經歷豐富了你們的厚度，開拓了你們的視野和格局。

在這之後，義教的、助學的，天使計畫、愛心行動接踵而來，以我們貧窮的名義，擠進我們的細胞，滲入我們的骨子。

在這之後，我們開始有點反感，我開始明白你們所給予的遠不是我們想要的，你們的愛心破壞了我們心靈的安靜，你們的奉獻破壞了我們傳統的善良，這些，也許你們永遠無法察覺。

畢竟，你們是旅遊來的。你們是讓這塊土地見證你們的愛情而來的，你們是帶著愛心尋求自我心中的安靜而來的，你們是尋找呼吸貧瘠的空氣而來的，我們以膚色的名義同意，以檔次的不同疏遠著。

因此，別來，真的不希望你們來了，叔叔阿姨，你們別來，就是一份真愛，就是種大愛。

節錄自網路文章——〈叔叔阿姨，請你們不要再來義教了〉

我們很快就認知到，天使般的哥哥姐姐能給的只有糖果一樣的關愛，不過，香香甜甜的回憶對孩子們的學習有任何幫助嗎？如果我們的愛心變成一種依賴、一種想念和勾

勾手指的承諾，卻在離開以後，全都撲了空。這種失落感對孩子們而言，會不會反而是種傷害？

第一年服務以後，有件事讓我們很苦惱。

儘管曾有服務學習的師長說「服務不應該留下痕跡」，意思是除了與校方聯繫的對口以外，依據他的建議，不應該留給孩子們任何的聯絡方式。

完全不留？可是帶隊完隊輔就像人間蒸發一樣，這樣真的好嗎？最後我們決議採取折衷的辦法，把組長以上幹部的電話印在手冊裡。營隊結束，還沒回到臺北，小朋友就打電話來了。

「喂——白弟。」電話那頭嘻嘻嘻笑成一團。

「嗨——怎麼啦？」

「沒有啊，打給你測試看看。」

「哦——吃飽了嗎？」

「當然啊，都幾點了！」

「吃飽啦，那沒什麼事的話……。」

「白弟等一下，樂樂也要跟你說話。」

「好……。」

「喂——白弟。」他好像聽到電話那頭傳來「下一個換我」的打鬧聲。

「嗨——」

「你猜我們在哪裡？」

「在學校嗎？」

「吼！都放學了，我們在樂樂家玩電腦啦。」

「是喔，那記得玩三十分鐘要休息十分鐘喔，不然會近視的。那沒什麼事的話……。」

「白弟！我們找到你的臉書了，你的大頭貼好好笑喔！」哈哈哈哈哈，小朋友的歡呼聲幾乎要從耳機滿溢出來。

從此以後，三天兩頭小朋友就會打電話來，可是他們沒有手機，只好拿家裡的電話打。電話一響，接了也不是，通常沒什麼要緊的事，卻要讓小朋友的

爸媽負擔額外的電話費;但不接也不是,好像哥哥姐姐很無情。該怎麼辦?只好接起來打個招呼就藉口說自己在上課、在忙,匆匆掛掉電話。

電話才剛掛上,就換身旁的夥伴電話響起。

臉書也一樣,小朋友無時無刻想找到哥哥姐姐,不只是頭號粉絲,按讚按最快以外,還常常傳訊息過來,要分享在學校、在家裡發生的大大小小事……。

服務過後,我們是不是反而對小朋友的生活、學習造成干擾,會不會有一天真有個「超齡」的孩子仰起頭對我們說:「哥哥姐姐,真的不希望你們來了。你們別來,就是一份真愛……。」因為服務隊的出現,無法做到消弭學習落差,事實上,服務隊只能「彰顯」學習落差。

然後呢?

我們該選擇揚長而去,船過水無痕的方式,至少不會對孩子們造成干擾嗎?

如果我們想要留下這份聯繫,讓好不容易建立的關係得以延續,那麼,該怎麼做才好?

架起一座望遠鏡

有一次和主任聊到我們的想法，他點點頭說：「你們知道嗎？這裡的孩子其實比較沒有自信。你們說要來偏鄉服務，小朋友也知道啊，他們也去過臺北，看過繁華的西門町、東區啊。第一次看到捷運的時候，小朋友說『哇，臺北真的好先進喔。』他們心裡在想什麼？」

我們搖搖頭。

主任說：「他們會覺得自己比不過臺北的小孩。」

「真的嗎？那——我們可以做什麼？」

「你們能一個月來一次，帶孩子們上英文嗎？」主任回答。

「英文？可是這裡不是有很多孩子上補習班嗎？」

「那是家裡環境好的才能去馬公補習啊，環境比較不好的，哪可能補習。放學後不是幫忙家裡生意，就是騎著車閒晃啊。」

「了解，可是我們要上什麼才好呢？」

主任想了想，說：「課程內容由你們決定，這我相信你們，只要注意到孩子的程度問題就好。你們來，坐在孩子們身邊，讓他們感覺原來這些都市來的、很厲害的哥哥姐

姐，跟他們距離是很近的，他們很親切、很有趣，他們好有禮貌，看書的時候好認真。藉著你們哥哥姐姐的陪伴，可以拉抬孩子們的讀書風氣。」

「哦？」

「你們年紀跟孩子相近，很容易直接影響他們。你們要把自己當作班上的模範生，能讓他們有學習、模仿的榜樣，在孩子成長的這個年紀，有好榜樣在眼前，是很重要的。如果你們願意常來，可以把學習的風氣帶得更好。」主任說。

我們點點頭。

原來在主任的心裡，我們也是小朋友，是班上的模範生。上課時大家比肩而坐，中午吃飯前一起搶水龍頭洗洗手；吃飯以後一起刷牙，讓泡泡和水花濺得整身都是。下課約好了三對三鬥牛，牽牽手我們要一起走回家。

我們來，是「陪伴」，是帶起學習風氣，來自城和鄉的孩子走進了同一間教室，我們坐在一起，一起學習成長。

我們將課程的難易度盡量設計得簡單，降低門檻，讓孩子先喜歡上這門課。一個月一次的課程，內容以單一主題作主軸，如果是環遊世界，這次認識世界美食，下次就認識各國著名景點。

簡報上滿滿的圖片和動畫、每堂課都有新歌要唱、考試還可以蒐集點數換小禮物，加深學習的印象和連結。早上教的課程，下午就進行分組比賽，讓孩子們能靈活運用學到的單字、句型。課程設計請教了學校英文老師，希望設計大量互動、分享式的教學，激發孩子學習的興趣。

我們很清楚，營隊式的課程與正規教育的程度天差地遠，所以我們不執著在教了多少單字、多少句型，真正想帶給孩子的，除了主任說的「學習風氣」，更重要的是「學習方法」。遇到沒看過的單字可以如何拆解、理解、再背起來，而且不會忘，網路上有哪些資源可以利用，各種做筆記的小撇步、複習的時候如何記憶、抓重點等等。

讓孩子了解學習方法以後，我們也思考著能告訴孩子「學習價值」的方法。著有《老師，你會不會回來》的王政忠老師，他的一席演講深深啟發了我們，他說：「認知了價值，才會有動機去學習。」

課堂結束，分享的時候，小老師說：「你們知道嗎？老師一開始也覺得背單字、學

英文很討厭。」

「超級討厭——」臺下簡直樂壞了。

「聽我說嘛——後來啊，有機會跟外國人講話，發現自己竟然聽得懂，也說得出口，我才發現學英文不只是為了考試，英文是我們的工具，是我們很重要的絕招。只要用心去學，以後我們就可以靠英文去認識這個世界，交到好多不一樣的朋友。所以不要怕英文，要跟他當好朋友！」

認知價值、找到了動機，就會更心甘情願地去學習。

我們決定要架起一座望遠鏡。

如果在這裡，已經開始有人、有基金會長駐，帶來教育服務真正應該做到的細水長流，如活水般，緩慢卻不間斷地澆灌這片土地。

那我們要帶的，就不會是互相重疊的基礎課程，而是更多元、更五花八門的體驗。以我們的強項——醫學為例。教完了基礎衛教，還可以認識生活中的病媒、食物裡可怕的添加物，再進階一點，把一點點牙科學、一點點藥學、一點點護理和一點點外科手術……都搬來讓孩子們體驗。

因為重點是多元，學習的深淺、成效可以先放一邊，能讓孩子們多方體驗，從中摸索出自己的興趣、專才，才是真正重要的事情。

再來，只認識醫學當然不夠。只要花點時間備課，我們絕對有能力帶他們體驗各種有趣的學問。例如天文、海洋、森林、地質等等，除了簡報，哥哥姐姐還可以帶著他們做實驗、實地觀察，七月盛夏的銀河、路旁高高的南洋杉、海灘上黑晶晶的玄武岩、還有這一片無盡的海洋……親眼看見、聽聞、觸摸過，那留在印象裡的畫面一定更加鮮明。

除了科學以外，與臺北藝術大學藝術服務隊的合作，讓孩子們成為小小導演、小小藝術家，拍攝幾分鐘的小短片、製作出美麗的染布。還有好多從沒想過的藝術課程，看見他們無拘無束的創意。

如果上課上累了，除了太陽底下追逐的大地遊戲之外，我們想請孩子們作一回導遊，讓他們帶著哥哥姐姐走到鄉間，去踏一踏泥土。我們要一起走到田裡，摸索出花生藤的走勢，順著生長的方向噗地一聲拔出成串的花生。

蜿蜒的小徑裡，咾咕石堆起的菜宅和傳統的三合院，我們也得做好功課，才能帶他們認識每天奔跑穿梭的小徑上，有多少珍貴、難得的鄉土活教材。咾咕石從哪來的、怎麼堆才不會倒塌、又為什麼在田畦旁堆起像城牆一樣的岩塊，三合院建築的特色如桃符、窗楹、燕尾、廳堂裡還藏了什麼學問……。

這一來一往間，彼此都是老師，也是朋友。我們互相學習，也一起成長。

重要的是「多元」體驗的價值，正是我們希望帶給孩子的豐富資訊，服務隊的角色要像孩子們的望遠鏡一樣，從哥哥姐姐的眼睛裡，他們會看到各式各樣新奇的事物，當他們興奮地朝世界看過去，就能擁有更不凡的想像。

眼界，將會轉動他們的世界。

認識了世界，天馬行空的想像將會有「夢想」的形狀，想當醫生、當導演、建築師、老師……夢想的追逐就是自我價值的實踐，孩子們小小的腦袋裡會出現清晰的方位，直指目標。他們開始知道自己必須要「做些什麼」才有辦法「做到什麼」，他們會找到動機，想方設法地去完成心目中重要的價值。

放下望遠鏡以後，當孩子們張著發亮的雙眼肯定地說出「我的志願」。這將是一顆種子，教育能使它發芽。

我們的偏鄉，他們的家鄉

「白弟，早！」
「早安啊——」他是閉著眼睛講話的。
「不要再睡了，大家都起床了。你是最後一名。」
「才沒有，還有人在睡。我已經很強了。」
「騙人！」
「沒有騙你——你吃早餐了嗎？要不要一起吃。」
「吃過了，我六點就吃了。」
「喔——你先去找熊貓玩，我要洗臉了。」
「好！」幾個小孩咚咚咚地跑到熊貓姐姐旁邊。
「熊貓，早！」

出隊的時候，營本部門外會有一群小朋友每天準時報到。他們會丟下腳踏車，瞇著眼透過門縫偷看裡面睡成一片的哥哥姐姐。起床時間一到，哥哥姐姐睡眼惺忪踉蹌地到廁所刷牙洗臉，身旁一定會站著兩三個小孩，他們會大聲和每一個人問早。

第三年出隊，他發現這幾個小朋友一下長得好高。

「白弟，國中的理化怎麼會那麼困難啊！」

「對啊，不像國小囉，都國中了，一定會越來越難的啊。」他可是過來人。

「唉呦，也不是啦。」

「嗯？」

「我跟你說，一定是老師的關係。我的英文、國語、數學都學得很好，就只有理化都聽不懂。跟你說啦，這一個老師大家都覺得他教得不好，我也很討厭他。」

「是喔，你會不會是因為討厭他，才故意不想聽課的？」

「哪有！」妹妹不服氣地說。

「好啦好啦，就算他教不好，你也要努力自修，還是問別人啊。以後還是會考的。」

「吼呦——」

「你要努力弄懂，不然高中的理化會變更難喔。」

「好啦——」

「那我先回去準備囉，義診分隊快要出發了。」

「等一下啦，你看這個。」妹妹攤開一張五顏六色的圖畫紙，上頭密密麻麻地記載了三年來的隊輔結構圖，分好小隊和年分。

「哇，你們整理得好清楚，還有星星，標星星什麼意思？」

「這是我和樂樂幾個人畫的，我跟你最熟，所以就在你這裡畫星星，樂樂跟小藍最熟，她就畫他的星星。」

「原來如此，我要把它照相起來！」

喀擦，妹妹的小驚喜讓他笑得心滿意足：「謝謝！那我要去準備囉。」

「掰掰。」

有些時刻會讓我們感到很錯亂，分不清楚什麼是偏鄉、哪裡是偏鄉。

小朋友用著一樣的課本、教室裡也有投影幕和冷氣機。唯一有差別的是通常一班只有十個人甚至更少，小朋友手上握的不是最新款的手機，而是一臺坐墊調得特別高的腳踏車。

第三年以後，和孩子們交情日深，感覺從萍水相逢變成了忘年之交。也因為如此，偏鄉二字的形象在心裡越來越模糊了。以前和小朋友不熟的時候，心裡有刻板印象，他們的行為、說的話、玩的遊戲、拿在手上的玩具都被我們貼以標籤，註記著偏鄉。

可是隨著時間過去，甚至第四、第五年來的時候，已經能清楚感覺到心態的轉變，看到小朋友開開心心騎著車來找我們的時候，我們心裡想的不是「偏鄉的孩子」，而是自然而然地想著：「婷婷、樂樂、小光——咦，怎麼沒看到小玉。」我們清楚知道誰的功課好、誰跑得快、誰家裡是賣水果的、還有誰有個新住民媽媽。排排坐好，小朋友要向哥哥姐姐回報近況。

這裡哪是什麼偏鄉，這裡是這群小小老朋友的家鄉。我們來辦營隊，是客人，他們是主人。

當彼此變得要好，心裡的標籤就自然從「偏鄉的孩子」換成了「澎湖的朋友」。當關係牢牢地建立起來以後，我們才發現，偏鄉不偏，偏的是心。

好老師，好朋友

你一定記得營隊裡老是調皮搗蛋的那一、兩個小朋友，因為，最愛作亂的，是他們，最捨不得哥哥姐姐的，也總是他們。最後一堂課結束以後，他們一把抱住哥哥姐姐，用無敵拖長音說：「你們今天就要回去了喔！太——快——了——啦——」

前幾天小男生才沒這麼可愛，誰知道最後一刻，竟然讓你紅了眼眶。

「老師我不會。」實作課的時候，平常最調皮的小男生穿過人群，向白弟走來，將實作器具重重地放到他的手上。

「自己試試看啊，很簡單的，來——」

「我不會啦，你幫我嘛。」

「真的，這很簡單啊。你看——」

「我不會啦，萬一做出來失敗怎麼辦？」小男生用力地皺眉。

一旁的同學嘻嘻嘻地笑說：「老師，他不會啦。他上什麼課都被老師罵。」

「最好是啦！」轉過頭，小男生給了同學一記凶狠的眼神。

「真的吼。」

小男生舉起拳頭，作勢要動手，「再講，再講啊！」

「好了，不要吵架。」白弟試圖緩和氣氛。

「怎樣啦，就真的啊。講不過就要打人喔。」

小男生氣不過，衝了過去，重重地推了同學的肩膀。另外一方踉蹌了幾步，大聲罵了幾句，馬上也要衝過來。

哥哥姐姐趕緊抓住兩方小朋友，頓時間，所有人都停下動作，轉頭看向四隻在空中用力揮舞的拳頭。

臺上的隊輔回過神，大聲吆喝：「好了，來，注意老師這邊——」努力把所有人的注意力從上一秒的混亂中轉移。

他們則趕緊帶開兩人，要進行「個別輔導」。

白弟看著小男生，有點不太高興地說：「為什麼要動手？」

「老師，是他先亂講的，我才沒有。」

「就算是他亂講，也不可以動手啊。有事情好好講，不行嗎？」

小男生受了委屈，眼眶一紅就掉了眼淚，「可是，他……我……是他先講的啊……。」

「老師不是要罵你，是要跟你講，遇到事情的時候，要好好說。你這樣動手，萬一受傷了，那怎麼辦？」

小男生聽不進去，頭低低的，執拗地哭著說：「是他的錯……。」

「來，看著老師的眼睛。」白弟輕拍他的頭，要他抬起雙眼看向他。

「這件事情，他先講你，是他的錯。可是，你先動手，你也錯了。做錯事是不是要說對不起？」他說。

「那他要先說——」

「老師跟你說，做了錯事不可怕，也不用哭。做錯事就大方地和別人說對不起，以後要更努力改進。老師問你，你今天做錯了什麼事？」

「動手推他……。」

「對。如果以後遇到一樣的情況，可能有人笑你、有人說你壞話。你會怎麼做？」

「跟他好好講……。」

「對啊，老師想再告訴你。有人說你壞話，如果是假的，那你幹嘛理他，反正是假的嘛。那如果是真的，那你要更努力地去改進，去證明自己。讓那些說你壞話的人無話可說。」他半蹲著，定定地看著面前老是搗蛋的小男生，眼睛還浮著紅腫的痕跡，嘴唇倔強地咬著。

「老師……可是……。」

「嗯？」

「我……好像真的做什麼都不太會。」小男生像下定了決心才吐出這句話。

「沒……沒關係啦——」他看著小男孩的頭越來越低……。

白弟想了想，決定這麼說：「我們都有擅長的、跟不擅長的事啊。你擅長的，就是你的強項，你最厲害的能力。如果你善用你的強項，就會變成那個方面的專家。以後啊，大家想到什麼事情最強的，立刻就會想到你。因為大家知道在這方面，你很厲害，你是專家。」

小男生搖搖頭，「我沒有擅長的……。」

「那是你還沒有發現而已，不要擔心，我們一起來找。」

「真的嗎？謝謝——」小男生害羞地笑了。但很快又收起笑容，正經八百地說：

「老師……對不起。」

白弟也笑了，鼻子有點酸酸的，他說：「不用跟我對不起，我們等一下去跟他說對不起，好嗎？」

「好。」

他的手輕輕放在男孩的頭上，一路上兩個人都沒有再說話，像走廊上燦燦亮亮的光影，靜靜地流動。

不知道我們是不是一樣，都有幾個年紀小小的好朋友在山地、在離島的小學裡，他們都還好嗎？如果你早就知道說了再見，卻很難再見了，那一年，要怎麼好好地道別？你曾留下聯絡資料、臉書嗎？現在的你，還會偶爾跟孩子聊聊天、分享近況，給他傾聽和鼓勵嗎？

這是我們決定做好的角色。我們不想成為孩子們的天使，我們要當好老師，當好朋友。

我們開始傾聽，和學校的老師們請教，知道這裡孩子的家庭狀況，爸爸媽媽都在身邊嗎，或是隔代教養、新住民家庭居多？知道他們讀書的風氣如何，下課以後有沒有課輔、平時上課是什麼情況，他們喜歡讀書嗎，或者，他們下課以後要協助家計，連寫作業也沒時間

呢？還有，這裡的孩子們有沒有厲害的特殊才藝，像是棒球、扯鈴、傳統技藝等等。如果有，我們還可以多準備什麼？

我們把老師們平時教的也認真讀了一次。這樣才知道孩子們學了什麼，還沒學什麼。一個班十個人，誰英文最好、誰美術、體育很過人，能問的，都問個清楚，這樣才能給出適合的鼓勵。

更重要的，不是我們準備的課有多精彩，而是要和這裡的教育者做連結。假設我們來教英文，得跟英文老師確認好，他平常都怎麼教，我們可以怎麼教，他希望我們教些什麼……如果當地還有教會、補習班、基金會等等，他們又教了什麼？我們不是一定要教不一樣的單字和片語，我們要帶給孩子的，是哥哥姐姐的學習方法與態度，重點不在課程的量，而在質。

我們要教的不是 Apple 等於蘋果，是要讓

孩子知道「為什麼哥哥姐姐要學習 Apple 等於蘋果?」找到動機，才會更心甘情願地學習，讓孩子們知道自己「為什麼要學」、「學好以後能做什麼」。

如果再多花點心思，有藝術天分的孩子，能陪他們看看建築、服裝設計、動畫等等；喜歡做科學實驗的孩子，能陪他們思考實驗原理與方法，甚至更艱深的專題研究。也許更多的，是不清楚對什麼有興趣的孩子，那我們能做的，就是把更多更多從未出現在孩子們生命裡的事物，分享給他們。

認認真真地和孩子們當好朋友，我們不害怕道別。我們知道，各自正往不同的目標認真地前進著，偶爾保持聯繫，交換近況，知道彼此都好好的，那就足夠了。

「白弟，那你以後要當什麼?」

「我念藥學系的，以後要當藥師啊。」

「是喔，那我要念什麼系啊?」

「你好多年以後才要選的咧，這麼急幹嘛。」

「可是我想要開飛機啊，開飛機要念什麼系?」

「哦?你想開飛機啊。」

「對，我覺得很酷!」

「那我知道了，你可以念航太系。」他定定地看著小男生。

「那是什麼?要很會念書嗎?」

「當然啊，航太系的人都是飛機高手。對了，你有沒有看過電影，飛機上要控制的儀表板超複雜的，那要讀很多書才會的。」

小男生有點失望，「可是我不會讀書！」

「你想開飛機嗎？」

「對，我覺得很酷！」

「你知道嗎，我覺得你很適合，你很有要開飛機的氣勢。」

「哦！真的嗎？」小男生開心了起來。

「可是有氣勢沒有用，你要努力讀書才會考上航太系，航空公司才會錄取你。」

「是喔……。」

他用力搖搖小男生的肩膀，「小子——沒有人天生就會讀書的，你只

要肯花時間，靜下心來去念，一定沒有問題。我對你有信心。」

「真的嗎——」

「這樣好了，以後你只要覺得書很無聊、很累，你就對自己說『我是要開飛機的男人，這點挑戰不算什麼的！』來說一次。」他竟然感覺也被自己的熱血振奮了。

「我是要開飛機的男人，這點挑戰不算什麼的！」

「我是要環遊世界的男人，這點挑戰不算什麼的！」

「你想要環遊世界？太奸詐了，我也要！」

「一起來啊。」他笑出聲。

「我是要環遊世界的男人，這點挑戰不算什麼的！」

「我也是要環遊世界的男人，這點

挑戰不算什麼的！」

我們希望與孩子們建立起關係，並且保持聯繫，偶爾孩子遇到了難題，課業上的、人際關係上的，可以給些關心與建議。我們也希望能為孩子架起一座望遠鏡，讓他們即使地處偏遠，也能看見世界。我們可能沒辦法年年上山、到離島的小學出隊，（當然，只要有心，再去找找孩子們吧，他們一定很想念你。）因此我們更要做好傳承，做出長遠且不斷修正得更好的計畫。

我們要讓孩子以哥哥姐姐作榜樣，卻能夠不依賴。除了單向的陪伴、關心和聆聽，也要認真地告訴孩子我們是誰、為什麼要來、要做些什麼？這幾天，我們要認真地一起學習。不要把孩子們當三歲小孩哄，要把他們當好哥們一樣平等地對話。讓孩子們臨別的時候不是哭哭啼啼說著「你們不要走嘛」，而是能勇敢地望向哥哥姐姐的眼睛，說：

「我們一起加油！」

我們的行為要做到像老師一樣的不踰矩，可是相處上卻是好朋友，我們大一點，是哥哥姐姐，他們小一點，是弟弟妹妹。我們的世界大一點，快一點，他們的小一點，慢一點。我們都能看見對方身上的價值，也知道彼此心裡想去的方向，互相欣賞，也為彼此鼓勵。

第四年到澎湖的國小服務時，主任告訴我們：

「你們來這裡辦營隊，給孩子最好的禮物，叫作回憶。」

訪談——澎湖當地國小主任

問 所謂城鄉差距的現實面是什麼情況？

答 馬公本島還好，澎湖二、三級離島教育資源相對更匱乏，不論軟、硬體設備都是。現行教師甄試當中，筆試占總成績較高的比例，有些臺灣本島的強手會到澎湖、金門等離島爭取名額，考上正式老師，不過，也因為他們不是本地人、交通、生活機能等也較為不便，願意長久留下來的老師比較少，服務時間一到，大部分就會離開。長遠看來，對這裡孩子的教育是相對不公平的。澎湖有個三級離島叫花嶼，曾經還聽過有班級一學期要換兩個導師。

問 服務隊來教什麼比較好？

答 課程的規劃與設計，要能兼具動態和靜態，且具有教育性，深入淺出、容易吸收的課程比較能吸引孩子的好奇心和學習動機。教育是持續累積與接續的，你們來，盡量帶來多元的課程規劃，帶孩子們共同分組討論、野外踏青、運動、做家庭訪問，能夠促進孩子正向發展的都很好。你們來，給他們最好的禮物是一段很快樂的回憶，暑假也能夠持續學習。

問 這裡的小朋友平常放學都做些什麼？

答 有些孩子平常要幫忙整補漁具，這種工作很辛苦，整理一筐快則四十分鐘，慢則一小時以上，魚腥味又很刺鼻；有些孩子暑假就看電視、打電腦。補習的孩子不太多，到馬公市區要半個小時，家境小康的孩子才有可能送去。

問　平常晚上會有課輔嗎？

答　有，之前我們辦夜光點燈，協助弱勢家庭的孩子晚上到學校課業輔導和作業輔導。中低年級比較會來，越大的就越有想法，他們會感覺被貼標籤。現在校方也和博幼基金會合作，協助補救教學。不過啊，假日上課的時候，操場上棒球隊在練習，被帶到教室寫作業的小朋友，聽到外面一大喊，他們就往外看。心都在操場，都不在書本上。

問　剛剛提到棒球隊，有沒有很熱愛體育，也發展得很好的孩子？

答　棒球隊有一個黑黑的小男生，資質很好，導師很看好。他的媽媽是新住民，爸爸打零工，這種小朋友教育資源比別人差很多，經濟上會更弱勢一點。媽媽不認識中文，遑論教小朋友念書，爸爸也要工作，等於家裡是沒有人能教他的。這個小男生很努力，他很喜歡打棒球。這對輔導老師很兩難，如果要讓孩子的家庭翻轉，好好讀書還是一條捷徑，他現在棒球打得好，可是在我們看來，孩子的身材和資質離職業球員還差很多啊。那要逼他讀書，他又想打棒球。若專心打棒球，日後也很難翻轉他的家庭。

問　對主任來說，你回來澎湖這麼多年，最想做的事是？

答　教育扎根，幫助孩子們能靠著教育改變現況。這也牽涉到一個想法，也是我一直在帶的品德教育。要有禮貌、不亂丟垃圾、不要講髒話等等，這個靠你們就很有用，因為在他們的生活圈裡不一定有年齡相近，又足以當榜樣的人。教育需要言教身教合一，你們來，他們就會看，原來哥哥姐姐都可以做到，那我也要努力做到。你們的行為舉止會有帶領作用。

問 當老師的生涯裡，有沒有印象最深的學生？

答 你們心裡一定也記得某個老師影響你很深。有時候覺得老師和學生之間也重緣分。有些學生的才能剛好遇到懂他的老師，他的才能就會被老師帶出來，對學生來說，這是知遇之恩。學生如果覺得這個老師很用心教導，他們也會盡力學習。對老師來說也一樣，有些學生會感覺很珍惜，不一定成績最好，或最認真，只要他們做了什麼很窩心的事情，就會放在心上放很久。

問 最有成就感的時候？

答 還是跟學生的回饋有關啊，他們考上滿意的學校、找到滿意的工作，或有時候學生回來，開玩笑說，老師以前被你處罰現在都還記得。我一邊笑一邊又覺得很感動，當老師的都一樣，看到學生畢業以後又跑回來，都會很高興，表示教學上的付出受到學生的肯定。

問 主任這樣講，我們想到前陣子參加一個高中老師的告別式，他平常都很嚴肅的，可是我們知道他很關心學生。那天，幾個好朋友約一約，還沒想到人會這麼多，結果告別式那一天，滿滿的都是他的學生。

■答

對，你講的老師我認識，這就是老師的成就感啊。我想他在天上有看到，一定覺得很高興。你們看，有些老師很嚴肅，但他很認真地去陪、去拉拔每一個學生，他可能沒有得過什麼績優獎項，卻是真的關心、付出時間給學生。教育是不能全然量化的，默默費心力把邊緣學生拉上來，持續發揮教育愛的老師，更是值得尊敬的好老師。

① 105年《教育部補助辦理教育優先區中小學生營隊活動要點》。

② 林秀姿，〈願景工程／三根亂棒，打跑偏鄉老師〉，《聯合報》（2015年6月17日）。

湖西國民小

02 服務，該怎麼做才好？

為了需求而出隊

「以前你們辦的服務隊也是去帶營隊？」

「對，我在北醫念書的時候參加樂幼社，那時候唯一和義診比較相關的就是健檢。我們跟鍾文政教授到原住民部落幫學童檢查蟯蟲，還有牙醫的教授，到那邊檢查蛀牙、拔牙齒。」北醫寄生蟲學科教授、社會醫療服務第一隊指導老師盧盡良與我們分享三十年前的服務隊景況。

「哦——那跟現在的做法差不多嘛。」

「嗯，不過以前偏鄉的資源相較現在又更缺乏。社會經濟普遍沒那麼好，去服務的時候，我們帶牙膏、牙刷分送給當地的小朋友。他們很多人竟然是第一次刷牙！那時候帶小文具像鉛筆、橡皮擦，小朋友拿到就好開心、好寶貝，現在不一樣了，這些他們也都有，整體看來，國家的經濟都變好了，單純以物質資源的需求來說，服務隊的角色沒以前那麼重要。」

「這可以想像，至少現在的孩子基本都能吃、穿無虞。教授，不過服務隊的任務本來就不只是到山地、離島去發禮物啊。」

「沒錯，但是對服務而言，去補足物質面的需求最直觀。以前我們也會募一些維他命、鈣片去送給小朋友，可以感覺到他們是真的很需要這些營養補給品。因為第二、第

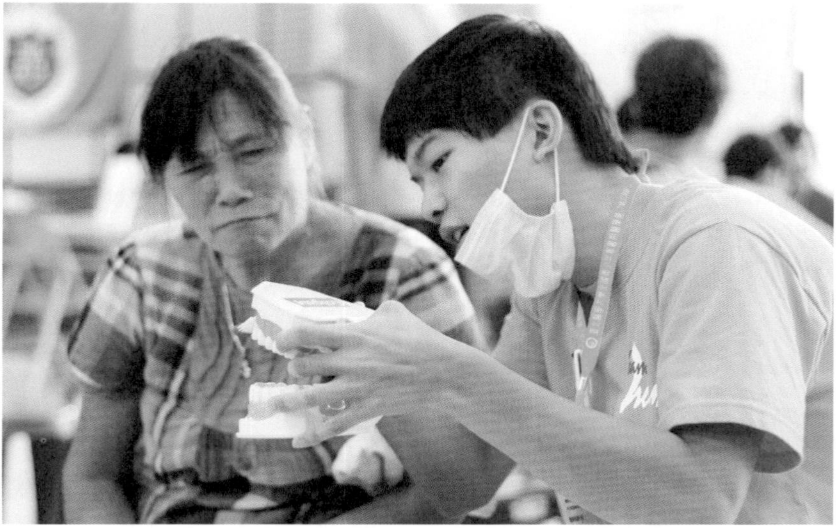

三年再去，竟然早上天還沒亮，我們還在教室裡睡覺，外頭就有家長排隊要領維他命了。以前服務隊的情況是，需求很明顯，我們也很清楚要帶什麼資源去。」

「那現在呢？」

「現在比較難找到需求，你們來澎湖辦營隊，會不會覺得他們什麼都有了，有老師、有補習班，那既然這樣，你們來做什麼？」

「我們……我們要來建立關係。」

「對，要和他們建立關係。那時候學校老師問我們是不是來郊遊的，他不太信任這些大學生。因為教英文、送維他命，那都是暫時性的，起不了什麼作用。拿維他命當例子，難道一次送一年份嗎？不可能嘛，一個禮拜就不錯了，一個禮拜而已，那根本就是空的。」

「可是你不是說，補足物資面的需求

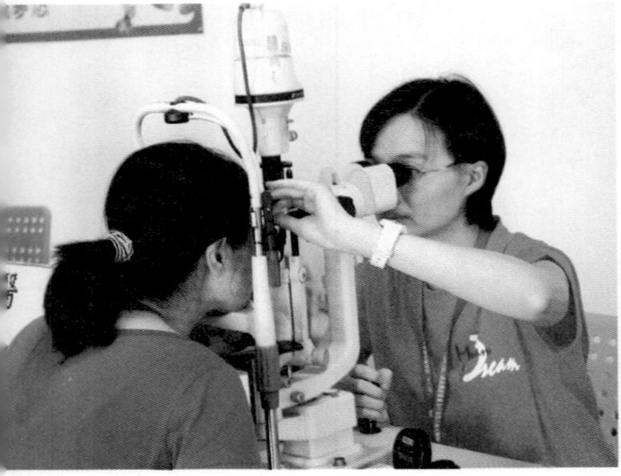

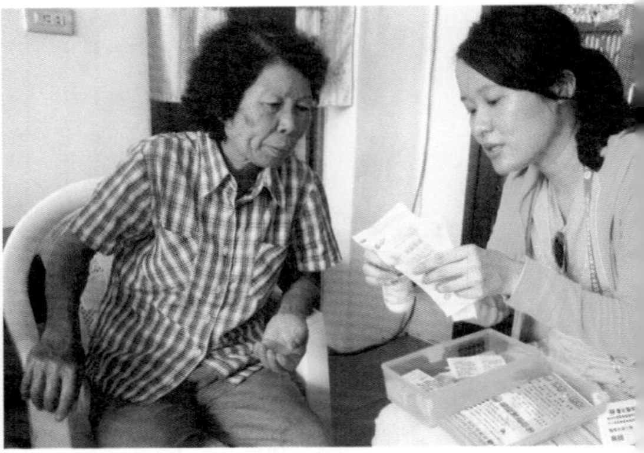

是最直觀的嗎？」

「很直觀啊，就像一塊田你要種東西，土乾乾的你就想澆水，植物長不好就撒點肥料。可是很快我們就發現，單單補足物質面的需求，不是我們想做的服務——那像聖誕老人的任務。我們認清一件事：物質面即使有需求，也不會是我們這些大專服務隊要去做的。我們要做的，是去看其他能影響孩子們的因素，例如環境。」

「環境？要我們改變環境？」

「很難改變，也不一定得改變，事實上，我們應該要試著融入環境。那時候我跟學校老師說，做健檢、教英文不是我們的主要目的，我們來，是希望能給小朋友當好榜樣。讓他們認識一群跟他們周遭的人很不一樣的哥哥姐姐。」

「我們該怎麼做？」

「你剛才已經說出來啦！我們要建立關係。記得，是平等的夥伴關係，不是上對下的給予關係。就像我們成長的過程中，會有幾個很崇拜的角色讓我們當作

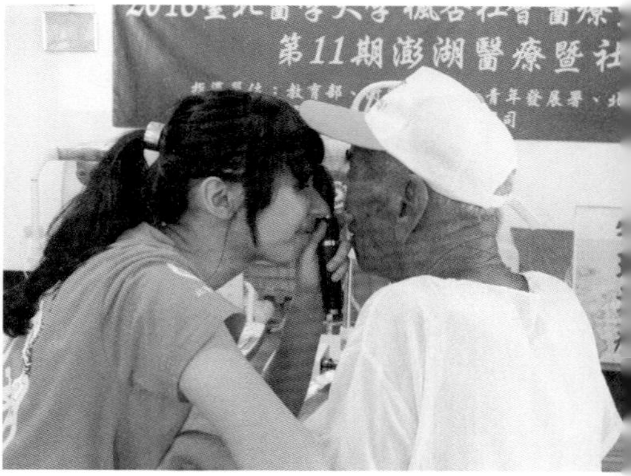

標的，拚了命想追上的。可能是老師或某個明星、名人等等，當這個角色距離自己越近，我們就越覺得自己有能力做到。也就是說，假設小朋友原來只能在醫院裡看見醫生，他就算很崇拜醫生，也可能因為距離太遠而卻步。可是現在你們來帶營隊，這些醫生、護理師哥哥姐姐就在身邊陪他們玩，很親近、沒那麼遙遠，距離拉近了，小朋友就會更相信自己做得到。」

「所以……。」

「做好榜樣，當孩子們的燈塔。給孩子們一個目標，有一個燈塔在那裡，常常保持聯絡，給他們鼓勵，他們會更有信心。」教授說。

「我們以前也做家訪，跟你們一樣捧著板夾，挨家挨戶敲門、做問卷調查、送送牙刷和維他命。那時候和臺北工專一起出隊，他們就幫忙做電器維修，阿公阿嬤很開心耶，以前人節儉，東西壞了捨不得丟，村子裡會修的又沒幾個，剛好來幾個大學生幫他們弄一弄，就修好了，他們都很高興，很歡迎我們。」

「教授，你會不會覺得，家訪是一件很徒勞無功的事情。」

「怎麼說？」

「工專可以幫他們修電器，那很有實質上的幫助啊。可是家訪只能衛教、聊天、關懷，還不如義診來得實際，爺爺奶奶有沒有聽進去都不知道，我們到底幫到了什麼？」

「服務要達成的本來就不是立竿見影的事啊，回到前面講的物質面需求，不論是電器修理、免費義診、甚至是送禮物，那都只是一種手段，很直觀、很吸引人，而且立竿見影。對吧，冰箱修好了、看到醫生、拿到藥，可是這些做法都只是『手段』，不是服務隊真正的目標。」

「手段？那服務隊真正要做的是什麼？」

「每個隊伍想法都不一樣，上山辦營隊、課輔的服務隊那麼多，但是真的能替偏鄉的小朋友墊高教育的水平，讓他們書讀得更好、

聯考考得比都市學生高嗎？除非你到當地開補習班，不然你只教他兩題計算題，跟教育還差得遠。」

「……。」

「課輔也好、義診、修理電器也好，都只是手段。有的隊伍上山是因為覺得原住民文化很美、很值得珍惜，他們想告訴部落裡的人他們的想法，希望喚起更深層的文化認同。有的也許真的想做到消弭教育的城鄉落差，那他們也得去思考，營隊、課輔是很好的媒介、手段，可是如果真的想解決問題，這樣真的夠嗎？」

「就像我們去辦營隊，慢慢地也感覺到，比起傳道授業的老師，我們更像是孩子們的一雙眼睛，讓他們看見世界不一樣的面貌。」

「沒錯，要學會認清楚媒介和目標的差異。所以你問我，服務該怎麼做才好？服務，要先去找到需求，找到當地懸而未解的問題，接下來，去思考執行的媒介、設計出能連結在地的方案。做法沒有標準化的公式，但一定要緊緊扣住需求和問題，不要為了出隊而出隊，要為了『需求』而出隊。」教授說。

出隊第三天，南寮村義診

「澎湖，需要一支醫療隊嗎？」

六年前，計畫尚未成形，只辦過大專生營隊，從沒出過服務隊的我們，對於「服務」的印象僅僅停留在團康、小隊呼和大地遊戲。所謂的義診，在想像裡，是一處偏僻的活動中心，幾張桌椅、診療器械和醫護人員，會有爺爺奶奶拄著拐杖來求診、拿藥。我們要做的，就是找到願意一起出隊的醫護，募集醫療器材和藥品，自然就能辦成醫療隊了。

大部分我們都想對了，義診是這麼辦的：

「幫我搬兩張桌子到後門那裡，記得鋪桌巾。」分隊長發號施令。

醫巡分隊的編制以分隊長為首，其下設有四組，分別是管理病歷、食宿的行政組；負責義診站規劃的診療組；訪視居民、做衛教宣導的家訪組；還有統整各式器材、衛材的醫材組。

「把空壓機搬過去，它要的瓦數比較高，一整面牆的配電只能給它。」牙診組組長指揮若定。

「哈囉，把一號箱搬過來。你把草莓醬、棉捲、紗布、Sealant、Light cure①那些器械都放後面那張長桌。然後擺十到十五組四合一在桌上。」

「手套、紙杯、衛生紙和 Unit 拿過來放在各桌桌上，牙膏牙刷鏡子那些衛教用的

道具也放各桌。」

「躺椅，躺椅咧？怎麼還沒搬過來？」

「各桌牙助再檢查一下有沒有缺東西，有不懂得趕快問。等一下要來隨堂考喔。」

「這桌少放了感染性垃圾袋，誰是這桌的牙助？」

另一邊，醫診組組長也正忙著。

「報到處這裡的血壓機咧？趕快拿過來——」

「今天多拿十份病歷單預備好了，南寮是大村，人應該會很多。」

「血糖機和尿酸機都測試過了嗎，有沒有問題？」

「醫診這邊的聽診器和酒精也還沒看到啊，報到那邊的學妹還在休息，趕快過來幫忙啊。」

「咦？學弟，有奶奶來了，先帶她去等候區坐一下，跟她講九點才會開診，看她要等我們還是待會再來？」奶奶踏進活動中心，踩著一雙經典的紅白拖。

「今天有義診喔。」奶奶用字正腔圓的純臺語發音問道。

「嘿啦，奶奶你先坐一下，我們九點開始喔。」

「好啦，你去忙沒關係——」奶奶坐了下來，興致盎然地環顧四周。她平常跳土風舞的活動中心，今天特別熱鬧。

「把藥品都放在舞臺上，按藥理分類照順序排喔。」藥務組組長顧前顧後地看。

「那箱麵線和保健品搬來這邊，然後我們先來裝個二十袋，把要給居民的紀念品分裝好。」

「有空複習一下衛教手冊，尤其帶

位和藥助一定要看。」

「來，把調劑盤再用酒精擦一次。然後——給我藥品總表。」

「那張衛教海報誰貼的啊，掉下來了啦，快去重貼。」

「我記得 Glucosamine 和 PPI② 昨天就用完了對不對？把這兩個劃掉，等下我去跟醫生講一下，請他們要注意。」

距離開診還有十五分鐘，大隊長對著村辦公室的擴音設備放送：

「各位村民大家好，我們是臺北醫學大學的學生，今天早上九點，九點，在南寮活動中心，南寮活動中心，有舉辦義診。希望各位可以樓頂招樓下，厝邊招隔壁，爸爸牽媽媽，阿公和阿嬤，都作夥來義診，照顧自己的身體健康。」

在澎湖鄉下，村辦公室的廣播比任何電視、報紙、傳單廣告都還要有用，爺爺奶奶的生活裡不能沒有它。偶爾會有賣魚、賣菜的小販跑來借廣播，他們說的是：「現撈、尚青的石斑一斤只要四百，在廟口，緊來買喔！」

一個早上，多一點的，會有二、三十個民眾，各個年齡層都有，除了當地人，有時候也能看到牙齒痛的外籍看護跑來看診。來義診的，除了對症拿到藥之外，也會有一份紀念品，裡頭有募來的麵條、蘇打餅、水壺、藥盒等等。

義診的流程是這樣的，報到以後先量測血壓、體溫，填寫個人資料、詢問病史、用藥、就診頻率等等，接著，像跑關一樣，由護理師、醫檢師開始量測一連串的數據。包括身高體重、腰臀圍、尿蛋白、尿酸和血糖。

掌握居民身體的基礎數值、平時的醫療行為以後，就會正式進入診療。從醫師、牙醫師看診，到藥師用藥指導及衛教。義診有個好處：因為少了時間壓力，彼此都可以暢所欲言，民眾把平時想問卻不敢問的問個清楚，醫護人員把想教卻沒時間教的一口氣全告訴他們。

「奶奶，有哪裡不舒服嗎？」醫師看了看健檢單上的註記，抬起頭問奶奶。

「腳去撞到啦，好久了都沒好。」奶奶把腳抬起來，這才看到她的小腿內側有一處輕微的刮傷。傷口不深，卻明顯可見紅腫。

「記不記得什麼時候撞到的？有在擦藥嗎？」

「嗯——應該是兩個禮拜前挖土豆的時候，想說很小的傷口就沒理它。」

「兩個禮拜啊，這樣壓會不會痛？」

「不會痛捏。」奶奶說完，醫師點了點頭。

「奶奶，妳的腳是不是有時候會麻，麻久了就沒感覺了？」

「那是有在種田，腳比較厚啦。」

「不是喔，這是糖尿病會讓妳的血管生病、血路不順。所以妳會腳麻、對熱對痛都比較沒感覺。而且啊，這也會讓你的傷口好得比較慢啦。」

「是喔——」

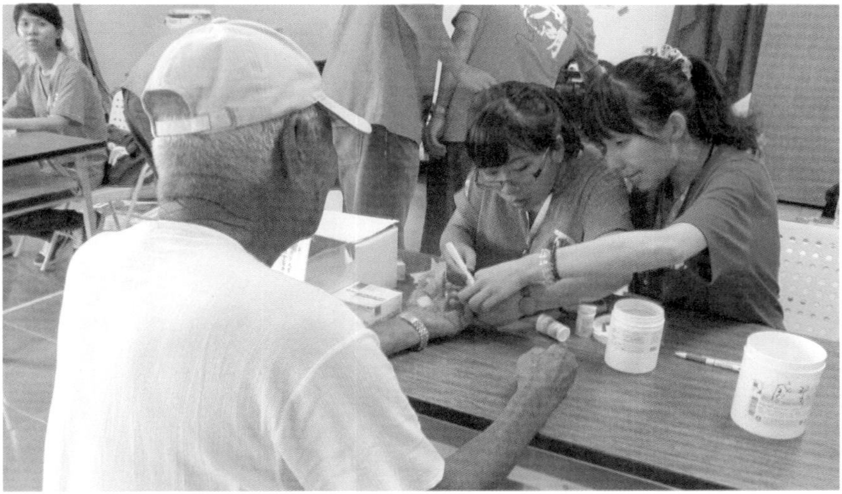

「家裡有沒有紗布啊？」

「不知道捏。」

「那我會開這兩隻藥膏給妳喔，學弟，妳再拿幾片紗布和食鹽水給奶奶。回去以後，每天洗澡以後先用這罐食鹽水消毒，用棉花棒把它清乾淨，要小力喔。再擦藥膏、放上紗布和膠帶。每天都要換，不可以偷懶喔。」

「好。」

「奶奶，妳早上吃什麼？」醫師又問。

「稀飯啊。」

「那等等中午要吃什麼？」醫師低頭看了看奶奶從家裡帶來的藥。

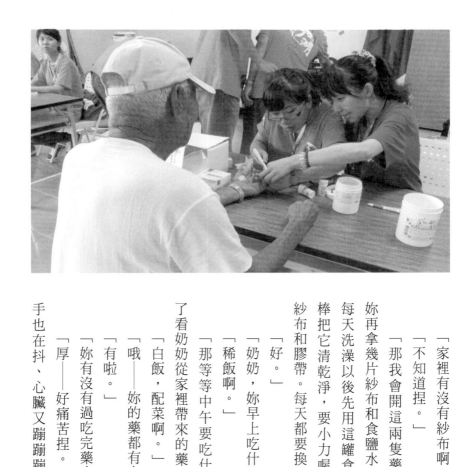

「白飯，配菜啊。」

「哦——妳的藥都有在吃飯之前吃齁？」

「有啦。」

「妳有沒有過吃完藥忘記吃飯的經驗？」

「厚——好痛苦捏。一直冒冷汗、頭暈、手也在抖、心臟又蹦蹦蹦地跳。後來吼我厝邊的兒子就把我帶去看急診了。還好他剛好在。」奶奶嘆口氣。

「奶奶，下次遇到這種情況，含一顆糖果或巧克力就好了啦，不用去急診。」

「有啦——那個醫生有跟我講，你看，我現在都有帶著糖果。」

「妳看，我們的身體很奇妙喔。血糖要把它控制得剛剛好，太高的時候要吃藥控制，太低也不行，會像妳一樣冷汗、手抖、心悸。所以齁，每天都要記得吃藥，吃完藥血糖會開始往下降，這時候就一定要吃飯，才不會又像上次一樣。」

醫師拍拍奶奶的手，繼續說：「早上吃稀飯吼，容易讓血糖一下升得很高。跟妳建議喔，如果是妳自己煮的時候，找那種纖維質多的吃。像是豆類、豆漿、青菜、糙米飯都可以。那像麵包、肥肉、蜜餞、油炸的東西都盡量少吃喔。等一下弟弟拿一本手冊給妳，裡面也有寫，再請他跟你講啦——」

「厚——好吃的都不能吃捏。」

「奶奶，妳要當個老康健啊。只要注意吃的、有空吼就到外面走一走運動運動。這樣呷百二都沒問題。還有啦，出去走走、種田的時候，不要只穿拖鞋啦。看要穿雨鞋、還是穿一雙厚襪子都可以。因為妳的腳如果不小心受傷，比較難好，所以要小心。」

「醫生謝謝。」

「不會啦，看到妳健健康康的也是我的福氣啊。」醫師笑著把手放上奶奶的手背，輕輕地拍了拍。

白弟和醫師點頭示意以後，拿起診療單，慢慢牽起奶奶，在休息區坐下。

「奶奶，有沒有都記得？」

「有啦，記得。」

「那妳可不可以當我的小老師。」他撒嬌地說。

「老師？不行，我沒念書啦。」奶奶揮揮手。

「沒有啦，只要把剛剛醫生講的記起來就可以了。如果厝邊的爺爺奶奶也有一樣的症頭，妳就可以當老師教他們了。」

「蛤——我怕我記不住啦。」

「不會啦，我們來複習一下喔。」翻開衛教手冊，看著一張張彩色的圖片，他們從為什麼會有糖尿病開始講起，到日常生活該注意的飲食、保健、運動、簡易護理、傷口照顧全都再複習了一遍。

兩隻腳併攏，手也放得好端正，奶奶像一個認真上課的小女孩，偶爾抬起頭看看他，認認真真地點頭。

「有記住了嗎？那我們要去檢查牙齒了喔。」

辦了一場義診「活動」

如果時間倒退三十年，這樣的義診一定能為偏遠的離島帶來極大的幫助，單就醫療可近性而言，對比現在簡直是天差地遠，更不用說在健保尚未開辦以前，每一次看診都是不小的負擔。假設湖西鄉的居民生了病，想到地區醫院就診，能選擇的，就只有距離三十分鐘車程以上的署立澎湖醫院、海軍醫院兩院，若想就近求診，能仰賴的衛生所駐所醫師，一個星期卻也只有兩、三日輪值，而非每日皆看診，可見醫療可近性之低落。

在教授口中，三十年前義診隊的業務內容與今日大同小異，除了找醫師、牙醫師到各村義診以外，也到各國小舉辦營隊，做寄生蟲檢治、牙科健檢、衛生教育。教授說，那時候衛生條件不好，小朋友的牙齒蛀得一塌糊塗，蟯蟲的傳染也未得到控制，因此，服務隊上山出海，能做的事可多了：幫居民、學童拔牙、修補齲齒，打蟲藥也要準備好，協助衛生所控制寄生蟲傳染。透過逐戶家訪，篩選出需要定期追蹤訪視的個案，再轉報給當地的公共衛生護士，一方面補足公衛護士所缺乏的人力，做村裡地毯式的訪視、流病調查，一方面透過轉介個案，讓醫療服務得以永續，可說是服務隊與當地機關的互助與雙贏。

當然，因為時間、物力等等限制，三十年前服務隊同樣一年出隊一次，但在偏遠地區的民生及醫療資源都遠不比今天的情況下，一年一度的服務至少也發揮了雪中送炭的

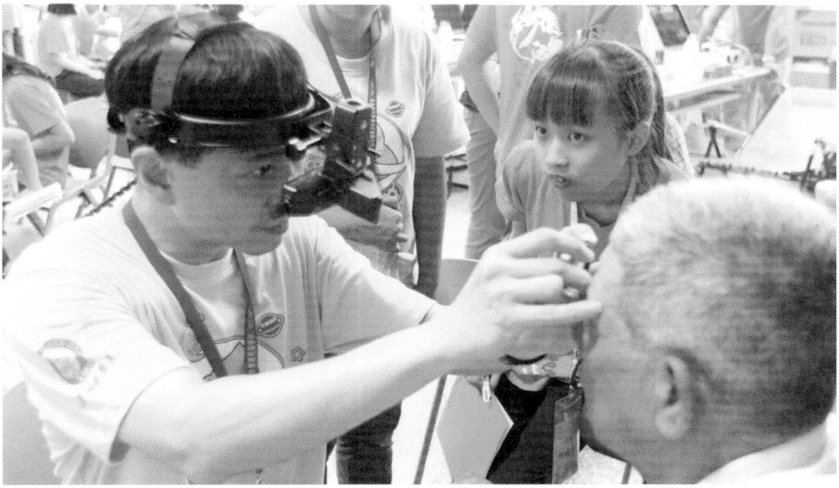

作用，與在地衛生機關的連結，更補強了當地因資源不足而無法實行的計畫。

大同小異的服務方式，到了三十年後呢？當健保已為我們提供了極為平價的醫療，村子裡診所也開了三、四間，學童的寄生蟲近乎絕跡，各種可怕的傳染病，如天花、麻疹、小兒麻痺等等，也早已得到控制。就算真的要去市區看病，每天都有醫院接駁車、復康巴士和家家戶戶至少一臺機車，即使距離相同，醫療可近性卻相對提升了許多。

看起來當地對醫療服務的需求已經不那麼迫切了，所以，我們所做的義診服務有替當地補強、分擔什麼嗎？

分享會時醫師學長說，微乎其微。

因為是義診，遇到高血壓、糖尿病等慢性病居民，我們不能胡亂給藥，慢性病的治療，不是三天、一個禮拜的藥就能康復的，給了也沒用，而且病人十之八九也已有定期服藥，根本也不用費心去給藥。再者，健保對離島居民有其保障，到衛生所、地區醫院就診往往分毫都不用出——與我們提供的「免費」醫療服務一模一樣，也就是說，一年到頭都有義診為這裡的居民服務。

在他們因為關節痠痛、眼睛乾澀或皮膚過敏而接過我們給的三天份藥的同時，他們可能才剛剛去衛生所看病，拿了一樣的藥放在包包裡。

等等，可是五天的醫巡服務走過四村，有兩百五十多名居民來看診，這些居民難道都不是專程來的嗎？

也許是吧，義診開始前幾天，村長伯熱心地大力宣傳，村民活動中心前面綁了巨幅布條、插了好幾支旗子，對爺爺奶奶來說，在原本平靜的日子裡，看起來一定熱鬧極了。尤其第一天看到將近百名大學生從遊覽車上興高采烈地走下來，穿著整齊一致的隊服，青春歡笑的臉龐忙進忙出的，很有效率地布置起中心內部，不一會兒，原來擺著神轎、法器、跳土風舞的地方，就成了他們的祕密基地。「哦——他們是要來義診的。」爺爺奶奶握起大學生的手，像看到自己孫子一樣，疼惜地拍了拍。

不難想像居民們「專程」來的心情，在他們心裡，捧場和湊熱鬧的成分可能遠遠大於真正需要。因為我們帶來的義診，不僅和當地現存的醫療重疊，甚至是簡化版，如果居民狀況嚴重一些的，憑著手邊的器械，醫師能做的，只有寫好轉診單，再三叮嚀病患務必記得去醫院做進一步檢查和追蹤。因為是義診，我們只能做到簡易的篩選和暫時性的治療。

如果三十年前的服務隊是往雪裡送炭，那現在的服務看起來，怎麼像是我們要扶老奶奶過馬路，但這奶奶卻是眼清目明，走得也挺快的，而我們還是「熱心」地要扶著奶奶呢？

我們在做的不就是為了出隊而出隊嗎？企劃書上的需求分析這麼寫道：

「澎湖的醫療環境高度分布不均，以湖西鄉為例，只一間衛生所和三間診所，且清一色是家醫科，若居民病況嚴重，非往馬公市跑不可。這一趟路，是三十分鐘的車程，如果行動不便的，往往一拖再拖，等到真的無法忍耐，才會去就醫。

湖西鄉早期職業結構以農耕、漁業為主，使得長輩飲食習慣多有偏頗，且因葉菜類取得不容易，主食以魚、肉、高油脂的花生為主，另外，在某些漁業為主的村落，飲酒、抽菸的習慣更是盛行。

農、漁等需大量勞力的工作直接造成了關節退化、變形腫脹的問題。飲食習慣則是三高、痛風疾病的主因。氣候方面，因為風大、陽光大的關係，眼疾如白內障、乾眼症等問題也很常見……。」

我們很清楚三十年後的醫療及經濟狀況已有長足的進步，也分析出當地醫療尚有不足的缺陷，但是，面對這些不足，我們能做的是那麼少，那麼無足輕重。大張旗鼓地來辦服務隊，做的卻是輕如鴻毛的事。如果服務隊能帶給當地的，只是一場一場熱鬧如街口廟會的「義診活動」，辦完了，什麼問題都沒解決，這樣的義診，充其量只是「辦得不錯的活動」，稱不上是服務。

服務，該怎麼做才好？

我們理想中的服務隊，是懂得善用社會資源的，運用服務隊自身的專才，能看見一處待解決的社會問題，再想方設法地去填補、改變它。這些問題，也許是缺乏統整的混亂現況；是對某些專業人力的需求；或者，單純只是少了一群熱心、願意站出來的人，犧牲自己的時間和精神，做那些應該做但大部分人懶得做的事。

協助改善社會問題很好，但是，如果服務不能合乎比例原則，掌握了一些愛心、資源，卻只能做到發現問題、試著解決問題，做了半天，把問題拿出來翻翻看看，卻沒辦法從根本解決它，豈不是一種浪費？

現實面有一個難題，我們來澎湖辦義診，的確是因為看到當地醫療資源分布不均；看到人口老化，爺爺奶奶無力照顧好自己的現況。這些是澎湖對醫療資源的「需求」，也是我們希望解決的問題。可是我們是大專生服務隊，不是財團、也不是基金會，真正能改善問題的辦法，可能要蓋間診所，或有長駐的照護志工，這些，我們能做到嗎？

很抱歉，做不到。

當然做不到。正因為我們是服務隊，不是財團或基金會，來辦義診服務，目的是

為了解決上述問題，但不是變成另一間「短期」診所或「臨時」照護志工。

我們要做好定位，知道自己有哪些優勢、哪些限制。更要認清媒介與目標的差異，如同第一章談論的教育服務，辦營隊的目的，絕不是為了取代正規教育，營隊連補習班都稱不上。我們要很清楚，營隊是一個媒介，義診也是，它讓我們能快速地建立與當地的連結，進而有機會改變現況。但是這媒介不是服務的終極目標，我們不應該把所有資源投入義診，請來名醫、買最好的儀器……這有什麼用呢？義診做到最好，也只是與診所能相提並論而已，但是，無法長駐的醫療，做得再好都是空的。這是我們的限制。

服務隊的定位是「客」，事實上，我們沒有辦法為當地作「主」。一個具有其專業的學生團體，要善用其專才、資源及志工參與的優勢，運用創意、企劃能力以連結方案與當地環境，最重要的，能掌握住「客」的角色，架設好媒介，敏銳、客觀、且不受限制地執行計畫。計畫不是為了取代或推翻原有的主體，是以輔助、烘托、相互砥礪而生。

第二年出隊以後，服務隊做了極大的調整。

首先，我們提高家訪組的人力，並將之拆成更多小組，配給更多醫護學長姐一同走訪村戶，讓固定在義診站的醫療服務，能走動起來，作散打型的游擊隊。第二，只要醫療設備、物資允許，人力採精兵制度，以期效率最大化。第三，鎖定個別義診專科，採取衛生所駐所醫師的建議，將與現有醫療互相重疊的科別簡化，扣除慢性疾病如高血壓、糖尿病等的給藥，改以加重眼科、牙科、復健科的專科醫護比例，補特定需求之不足。第四，強化衛教內容，製編手冊、舉辦晚會及講座，讓重要的衛教觀念能改變居民的生活習慣。最後，挑選特定家戶進行定期訪視，每兩個月一次，由家訪組與醫護人員組成八人小組，至病況嚴重或獨居的爺爺奶奶家裡，做更密切的追蹤。

問題沒有改變，一樣有解決不了的狀況。我們只能更有效地利用資源，並挑選大問題裡隱藏的小問題，逐一破解；試著從其他角度施力，創造新的解決辦法。

例如精兵制度，與鄉長確認以後，我們決定將原有大隊拆分為四分隊，一、二屬醫巡分隊，一留本島，二往其他離島及醫療資源更缺乏的所在，三、四屬教育分隊，專責

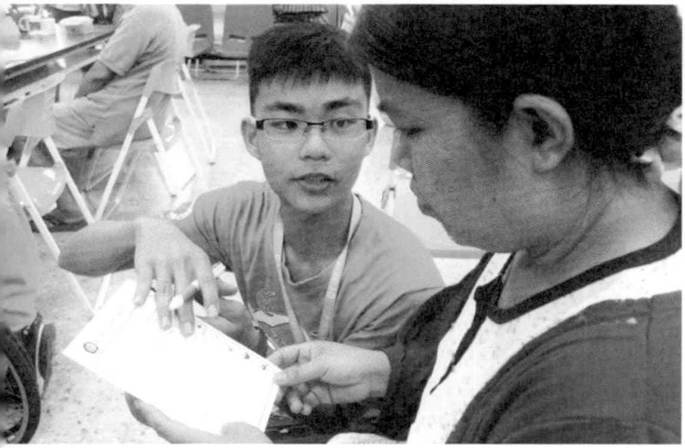

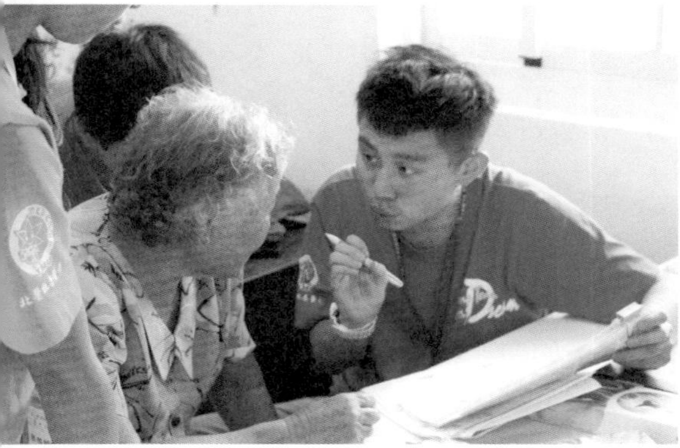

辦理國中小及高中營隊。有限的人力資源，做最有效率的配置。一百多位校內外志工投入、六十多位醫護人員，出隊十五天，共服務了湖西、望安、七美共三鄉，辦理湖西、西溪國小、湖西、馬公國中及馬公高中醫學知識營隊。

例如鎖定專科，是為了破解「醫療資源分布不均」這大問題裡「特定專科完全不存在」的小問題，而且挑的是「只要不發生急症，一年做一次也可以接受」的科別。

另外，不良於行、臥床的長輩更需要被照顧。因為這些長輩連出門看病都有困難，針對此問題，我們請醫師帶上器械，直接到長輩家裡做行動醫療，當然，僅作症狀治療，若需長期追蹤，則轉介給衛生所、基金會，讓他們收進個案戶中，由在地機構做更近距離的照顧。

最重要的，是強化衛教，為了解決「人口老化、慢性病盛行」的問題，換一個角度，從生活面下手。因為疾病發生，除了自然老化，更與生活習慣密切相關。生活，決定了身心的狀態，該怎麼吃、怎麼睡、怎麼運動、怎麼保持環境整潔，甚至怎麼想、怎麼看待疾病與衰老。最稀鬆平常的日常習慣和情緒，才是核心。

生活面的衛教，就是緊緊牽動著長輩們生活品質的「隱性需求」，在我們看來很自然的事，若不注意，就可能造成傷害。有時是因為不了解、有時是無法勝任，例如，刮到的小傷口因照顧不當而感染，變成了蜂窩性組織炎；家中的飯菜，被蠅蟲沾惹造成腸胃不適；藥物服法、飲食營養保健、口腔、視力、急救照護等方面，都需要有人一而再，再而三地提醒，這些需求才會彰顯出來，受到注意，進而改善。

該怎麼做才好？

像做行銷一樣，目標受眾很重要。第一大「客群」就是視力不太好、多數不識字的爺爺奶奶，第二則是話聽不太懂、完全不識字的外籍看護，比起兒女，他們更貼近長輩的生活，從三餐、打掃、吃藥與護理樣樣是他們打理，所以他們的「知」比爺爺奶奶自己，或者電話另一頭的兒女來得更重要，當然，也是我們要花心思衛教的對象。這兩者搞定了，其他的叔叔阿姨、弟弟妹妹就簡單多了。

義診站裡，衛教手冊從放了滿滿的文字，改成像繪本一樣以插圖為主，更一目瞭然，我們也準備了解說道具，如牙刷模型、急救用三角巾、彈性繃帶，還有翻譯成印尼、越南文的資料，供看護們一同學習。復健科醫師、物理治療師一次又一次躺上長桌，實戰教學躺臥時即可做的簡單伸展運動，活動大腿、手臂、脊背等日漸無力的部位。從走進義診站開始，經過報到、醫診、牙診到領藥，只要一有空檔，我們便會緊抓爺爺奶奶不放，叨叨絮絮地對他們講關於高血壓、糖尿病、痛風、血液透析等慢性病該注意的細節。

定期訪視時，針對紀錄上的「追蹤事項」，回應上一次訪視後的狀況。舉個例子，在前次訪視情況中，寫道：「關節腫脹、白內障、右眼模糊、左眼失明、水分攝取不足、皮膚乾燥、發紅、脫屑……。」在執行計畫中，則會寫：「詢問眼疾狀況、關節腫脹是否改善、水分攝取是否增加、皮膚擦傷情形。」意思就是，前次的訪視已經將上述疾病做過衛教、並和爺爺奶奶，或看護、家人等進行溝通。執行計畫則代表這一次得確認、詢問上述情形，看個案是否已經改善。

能力許可的範圍內，醫護人員會評估是否需要攜帶簡單的生活用品、衛材交予他們，例如假牙清潔錠、透氣膠帶、紗布、消炎軟膏、乳液等等。

找到需求、選擇角度、設計方案、連結當地資源。把大問題做拆解，把定位錯誤的計畫重新定位，最後，試著找出隱性需求，以旁觀者的敏銳及清明，做出足以改變現況的計畫。以上，似乎已經提供了能解決問題的一套想法。但是，還有一個更重要的問題：

「我們最好的辦法，是當地『想要』的嗎？」

訪談——盧晝良〈北醫寄生蟲學科教授〉

問 以前學生時期也參加過服務隊嗎？

盧 一開始參加「樂幼社」，做原住民地區的學童寄生蟲防治和口腔檢查。後來跟救國團合作，他們派軍用卡車，借帳篷、寢具給我們，在軍營裡開伙、坐在小旅桌吃阿兵哥煮的東西。那時候救國團辦暑期戰鬥營，全國的大專生都在瘋救國團營隊，他們很照顧我們。

問 義診是從何時開始？也有請醫護人員參加嗎？

盧 後來我回北醫教書，社療一隊剛成立不久，我就負責寄生蟲組，那時候已經有義診組和藥局，也有國小營隊。社療出隊的服務對象鎖定在老和少，對老是照顧，對少是打底。不過義診要請到醫生其實很困難，一直要等到社療的老社員畢業抽空回來、或甚至要外聘醫師，才找得到醫生。這是楓杏很厲害的一點，你們有辦法動員那麼多醫護人員。

問 帶隊去義診服務的時候，最在意什麼？

盧 我記得一開始沒有做義診，只做寄生蟲、流行病的調查，調查完發現三高、寄生蟲情形都滿嚴重的，我們卻無能為力，光統計一堆數據，對當地一點用都沒有，後來才決心要找醫生、帶藥品過去。很多時候醫師沒辦法全程參與，我們的準則是沒有醫生不做任何醫療行為，因為不能讓服務隊變密醫隊。還有一點我很在意，義診不是為了看一大堆病人，讓數字很漂亮，那不是我們要的，寧可慢一點、少一點，服務要的是重質不重量。

問 以前義診因為看病很貴，現在有健保看病很平價，義診能做些什麼？

盧 這個問題很重要，你想，我們鎖定的是老和少。以前我帶隊去金門義診，那個村的醫院走路十分鐘就到了，可是家訪的時候看到一些老人家就是走不出來，他風濕、痛風痛到不行，想出門出不了門，我們趕緊開車載他去看醫生。我們真正想看的，不是自己能走來排隊看義診的，是那些走不出來的。一天只要能幫五、六個，我就心滿意足了。另外，去新竹的五峰、尖石鄉，當地衛生所只有一個公衛護士，她想做訪視、建檔、定期照護，可是她實在做不來，剛好我們去，一去二、三十個人，我們一戶戶家訪，幫他把需要追蹤的個案篩選出來。就幫到她很多了，我們正好補足標準醫療體制下尚不足夠的那一塊。

問 帶社療的過程中，最印象深刻的事？

盧 有一次義診到一半，衛生所醫師跑進來，大發雷霆，指責我們怎麼能擅自做這種醫療服務，不尊重他們。經過這次以後，我都會特別要求義診一定要配合衛生所，其實這樣才是對的，一方面是尊重，一方面我們是點，是暫時的，他們是面，是在地耕耘的。我們義診一定要特別交代病人：「我們一年只來一次，你這是慢性病，一定要再去衛生所回診。」服務隊是為了幫助當地才去的，不是為了自己當英雄，相互配合、尊重才能雙贏。

問　義診的後續計畫，應該怎麼做？

盧　醫療服務隊做到後來，應該慢慢脫離醫療這個專業。要認清一件事：醫療應該讓當地機構來做，才是最好的。我們要去建立一個更緊密的網絡，連結老人家跟醫療機構和基金會，那才是治本的辦法。而且，服務隊盡量去做長期定點的，你們來澎湖，就要看到醫療真的提升再離開，不然是白做工而已，聯繫也不要斷掉了，你們的影響力可以很大。

問　對醫療服務隊有什麼期許？

盧　每學期上課我會播一部電影《沒卵頭家》，裡面的背景正是澎湖，也和寄生蟲有關。為什麼要播這影片？我當教授，教這些醫生，對他們有很多期許，我希望我的學生不要當醫生到最後，眼睛裡只看到病，沒有命。醫術很厲害，可是只看見數字和病徵，看不見在你面前的這個「人」，他的情緒、痛苦都看不見了。記住，當一個醫護人員，不要「治了病，害了命」。

①牙科專業器材，分別是：空氣壓縮機；表面麻醉劑的別稱；窩溝（牙齒咬合面縫隙）封閉劑；補牙專用器材；多功能牙科裝置。

②處方藥，分別為骨關節用藥、胃腸藥。

望安鄉
花宅
104
郵

03

最難的，是做件好事

健康重要，還是快樂重要？

「有人在家嗎？」叩叩叩，門沒有鎖，白弟和一名隨隊藥師緊貼在門上，想看清楚裡面有沒有人。

「什麼事——」奶奶從房間走出來。

「奶奶妳好，我們是臺北醫學大學的學生，想訪問妳一下啦。」

「訪問——訪問什麼？」

「這是藥師，我們來關心妳的健康啦。」

「哦——進來坐進來坐。」

家的外頭堆滿了雜物，一間水泥砌成的小屋放了水桶、掃具等，對面有另一間小屋，裡頭有個沾滿汙泥的馬桶、洗手臺和洗衣板。靠近紗門處放了幾個鐵盆，裝的是新的廚餘和乾掉的廚餘。蒼蠅又大又肥。

「奶奶，妳吃的藥借我看一下。」

「都在這裡啊——」奶奶把小桌子下的藥盒拿出來，幾顆糖衣錠上爬滿了螞蟻。

「這罐是什麼？」是一罐寫滿異國文字的藥膏。

「抹痠痛的啦。」

「大哥哥！」房間裡跳出一個可愛的娃娃，朝白弟傻傻地笑。

「奶奶，妳跟孫子一起住喔。」

「對啦，兒子要上班，他住隔壁啦。早上我顧孫子。」

「哦——所以兒子會帶妳去拿藥囉？」

「會啦，都有定期去衛生所看醫生。」

奶奶眼睛瞇成一條線，蒼白頭髮蓬鬆鬆的。她駝著背靠在小板凳上，回答有一搭沒一搭。倒是白弟和娃娃笑得很開懷。娃娃從抽屜裡拿出一張張圖畫紙，想跟大哥哥分享他的作品。

「笨蛋——」突然一個光著上身的中年男人，渾身酒氣，紅著臉搖搖晃晃地走出來。他在叫娃娃。

笑得好大聲的娃娃，很快安靜了下來。

「大哥你好，我們是臺北醫學大學的學生，來關心奶奶的身體健康。」

「你好你好，哦——有啦，我都會帶她去看醫生。」

「那有沒有什麼問題呢？這位是藥師，可以問他。」

大哥揮揮手，「沒有——」

「嗯——這個是你的小孩嗎？他很會畫畫耶。」

「是啊，笨蛋——」大哥哈哈大笑。

兩人皺起眉，看了彼此一眼。奶奶一樣沒有反應，懶懶地躺在板凳上，好像要睡著了。大哥翻了翻冰箱，找到食物開始吃了起來。

「奶奶——那平常都喝幾罐水？」藥師把注意力放回問卷上，試著多問一些，能幫忙奶奶審理生活上的注意事項。

「問我就好了啊。」大哥說：「問她，她也不知道啦。」

「哦——那大哥請問，奶奶今年幾歲？」

「問這個幹嘛？」

「沒有……我們要先知道一些基本資料，看看能不能給些建議。」

「建議——對了，你們來幹嘛？衛生所叫你們來的喔？」

「不是，嗯……我們今天在活動中心辦義診，那我們兩個是來做家庭訪視的，看看奶奶的健康狀況，有沒有什麼要注意。每一家我們都會進去訪視啦。」

「哎！不用了啦，人老就會生病啊，注意什麼都一樣啦。好啦我們不用不用，謝謝。」大哥不耐煩地說。

感覺到大哥並不歡迎，硬著頭皮把訪視的基本資料簡單確認過，也盡量講了些跟奶奶疾病有關的衛教以後，就尷尬地告退了。他們沉默了好一段路。

很多時候，我們會感到兩難。

家訪時常會遇到家屬，通常有兩種情形，一是家屬照顧得很好，沒什麼要操心的，那麼基本資料填完了，就可以告退，往下一戶前進；二是照顧得不太好，家屬若願意耐心地聽我們衛教，就再好不過了，但是，少數會很不耐煩，甚至感覺到被冒犯。這時候就得考驗話術了，既要先安撫家屬，說他們真是辛苦了，接著委婉地提出建言，不能讓他們感覺被指責，只能說這是我們醫護人員的建議，請他參考。

這很兩難，爺爺奶奶的兒女除了照顧老人家，平時也有工作，若有的長輩病況較嚴重，臥床在家，那照顧者付出的心力絕對是我們難以想像的。結果我們這些陌生的大學生一來拜訪，就衛教東建議西的，好像對他們的照顧不甚滿意，在「指教」他們。我們的善意，有時會無意冒犯到主要照顧者，變成了惡意。

再來，家訪最常提醒爺爺奶奶的話是：「要多喝水、多吃蔬果、多運動。」爺爺奶奶總是笑著應好，或者跟我們開玩笑，說「沒這習慣啦」。我們一邊撒嬌地陪他們聊天，一邊再多提醒幾次，務必希望他們養成「好習慣」。

「哇，一天只喝一小罐水，身體一定會生病吧。」

「不行不行，糖尿病不能喝飲料，桌上怎麼會有一瓶奶茶！」

「都在吃痛風藥了，午餐怎麼都是肉，沒有青菜？」

我們實在焦急得不得了，拼命找爺爺奶奶做得不好的地方，憂心忡忡地叮嚀他們。可是，這也是兩難。爺爺奶奶需要這好習慣嗎？已經七、八十歲還健步如飛，天天下田忙農事的他們，難道不知道該怎麼好好照顧自己嗎？我們努力地想給些建議，會不會其實是種打擾？他們的理由很簡單，卻讓人無法反駁。爺爺奶奶會笑笑地說：「都這把年紀了，要活也沒幾年了，快樂比較重要啦。」對比我們的滿面愁容，他們看來快樂多了。

這些需求，爺爺奶奶和家屬們也許從沒想過，也許不太在意，卻一再被我們提醒，他們的「問題」，其實是我們強加上去的。生活裡，他們怡然自得，問題從來不是問題。最難的，是當遇到真正的問題，我們卻無力解決。

其中一組家訪小隊匆匆先回到義診站，告訴學長姐阿伯的狀況非常需要醫師。接著，由站裡緊急抽出護理師、醫師和藥師搭上車，又回到阿伯住的小廟。

「阿伯，是我們啦——」

阿伯的家就是這間小小的廟，裡面的空間只容得下神桌、床和一只小桌子。桌上擺了兩罐冰淇淋汽水、便當盒裡裝著一半的白飯、旁邊站了幾隻貓。還沒走進廟裡，撲鼻而來是濃濃的尿騷味。阿伯躺在床上，腫脹的雙腳露出在門邊，任憑他們怎麼喊，都沒有反應。

「阿伯——我們剛剛有來過。這是醫生啦，有沒有哪裡不舒服？」他們決定自行走進去，看到阿伯半闔著眼，像是睡著了。

「嗯？」被他們的聲音吵醒，阿伯慢慢坐起身。

「腳腫了好多天了啦。」

「這樣壓會不會痛？」醫師學長戴上手套，輕輕地壓。

「不痛啦。」阿伯下肢的知覺已經退化了。

「嗯……這個飯是你自己買的嗎？」

「昨天的啦。」

「是你自己買的嗎？」他們又重問了一次。阿伯搖搖頭，不知道是沒聽懂還是……。

「自己——買的嗎？」他們試著說慢一點。

「哦——不是，別人給的。」

「誰給的？」阿伯又搖搖頭。他的頭晃啊晃的，感覺很睏。

他們問了好多問題，阿伯都答非所問。他們只知道阿伯的水腫情況很嚴重、有人會拿吃的給他、冰淇淋汽水瓶裝的是阿伯在喝的自來水、廟旁邊的草堆散發著臭氣，因為那是阿伯大小便的地方。其他的，他們一無所知。

他們留下了保健品、一箱礦泉水和一袋的乾糧，感覺無力極了。下午，他們通知當地基金會的社工，希望他們能接手照顧阿伯，社工們點點頭，接手繼續追蹤、照顧阿伯。

一年以後，當他們再來探望阿伯，小小的廟裡卻只剩下那張神桌，上頭的香案，飄著淡淡的薰香。

最難的，是做件好事

聊起波羅蜜義診團的成立，團長黃師伯說了這一段故事：

現在的波羅蜜成立前，還有一個義診團，同樣是師伯自行創設的，做了不久就因為一些誤會讓義診團幾乎要解散，最後，師伯選擇將器材、資源留在原義診團，自己退出。之後再經歷一年時間，器材、服務機構、服務志工全部從頭來過，從無到有地成立波羅蜜。

是什麼誤會讓一起做件好事，變成不愉快的經驗？師伯說，義診團越做越大，許多師兄姐也紛紛贊助、投入金援，當然，也就越來越多人想出聲建議，有人主張義診團要投靠宗教團體，也有人希望更多曝光，以獲取更多資源，每個人的意見雖然不同，卻也都還在溝通範圍。

直到後來，有人懷疑師伯的帳目不清，指帳面上所有器材的成本，為什麼高於收入三倍餘，是不是有其他更有力的贊助，贊助扣掉支出的錢又流向何方？

「最後誤會怎麼解開的？」我們問。

「那一天師兄師姐全到場，所有器材拿出來全數清點，再把帳目一筆一筆清楚算給每個人看，這一看，大夥才相信那些多的收入，是我負擔的。因為義診團是我找大家的，遇到沒有資金、器材不夠了我就自己出，也沒有多想。當然，帳目不清是我沒做好，而

且，這裡每個師兄師姐是因為我，才會來的，結果我沒有做好，讓他們很歡喜地要來做義診，卻帶著怨離開，這是我的不對。後來只好跟師兄師姐頂禮三拜，互相道別。之後很長一段時間，沒有在義診上來往。」師伯說。

誤會，是一種兩難。表象與真實、名利與淡泊、解釋與不解釋、給魚或給釣竿……要做一件好事，有更多兩難。難的是，它通常沒有正確答案。我們只能確認這個選擇與自己的價值不相違背，然後守著心裡的價值，更謹慎地前行。

解釋很難。正因為你認為自己在做對的事，面對懷疑、指責，你會比平常更失落。你說：「明明想做好事，費時又費心力，還要被誤會，那乾脆不做。」還有一種失落，可能發生在家裡，無論拿出多少成果、戰績，也難以說服服務隊不等於玩社團。辛苦出完隊以後，灰頭土臉地回到家，得到的不一定是相等的鼓勵，相反地，是更多的擔心和疑問。

名利很難。有人說做好事要默默行善，切忌沽名釣譽，現實面是，服務隊如果不把社評做好，社團可能會被解散；不多參加比賽，就沒有獎勵金；不努力讓自己「鍍金」，讓服務隊被更多人看見，下次出隊，募款會有問題，隊就不用出了。

服務隊有了名，不愁資金了，可以開發更多地方需要義診的村落，招募更多有志之士加入，可以買更好的器材，讓出隊、看診更順利。但是服務隊有了名，贊助自己找上門，原本單純的學生社團，會不會變成大老闆西裝上的一枚勳章。當服務隊從為了「當地需求」而出隊，變成為了「贊助單位」而出隊，出發點變了，方向就可能偏離。默默行善，可以保有服務的純粹，穩穩地耕耘一畦良田；做一個金牌服務隊，可以執行更大的計畫，但是，卻也可能迷失。

公平很難。當我們從各界愛心募了一百萬，相對卻壓縮了其他也需要這一百萬的團體，從機會成本上來看，如果沒把計畫做好，損失的將不只是這一百萬本身，還有那些因為募不到款而無法執行的計畫。

甚至當我們到當地做義診，無形中也正創造出一種商業的力量，與在地的醫療組織相競爭，多看一個病人、多給五天份的藥，就像翹翹板的兩邊，如果我們提供的服務與當地某項產業相重疊，即使互有溝通、尊重，無可避免地，就可能破壞平衡。

給人釣竿很難。怎麼能確定對方想要的是魚？還是釣竿？家訪、義診的時候，這類狀況往往讓我們很灰心。奶奶走進來，劈頭就問：「我沒有要看病耶，可不可以直接拿紀念品？」我們只好撒嬌地跟奶奶說，當作健康檢查，不一定要看病啦，帶著她走過一輪，至少量個血壓、洗個牙再走。

或者到人家裡訪視，臨行的時候通常也會送紀念品，例如牙刷、透氣繃帶、紗布等衛材，數量則不一定，視訪視戶需要程度而定，有一次，前一戶的大姐不太高興地攔住我們，說她拿到的只一小份，為什麼隔壁拿到的比較大份？我們一時難以回答，也不想爭論，多給了她一些，說聲抱歉就離開了。事後回想，若服務被視為理所當然，該指正對方的想法，或者放寬心繼續努力？

想做件好事，真難。如果你也願意面對難題加以思考，你會看見，絕大多數的服務隊，只是在真正的社會問題外兜圈子罷了，有些人喜歡每年換個圈子兜，有些人五年、十年兜著同一個圈子，你看見了嗎？這群熱血的服務青年並不擅長解決問題，他們習慣結伴來「看見」問題，然後心滿意足地離開。

對你而言，這些兩難也許從不是難題，只要心裡自有一套價值，供你思考、判斷，你就永遠有清晰的方向。這一章提出的選擇，正反大都沒有對錯，只是想提醒彼此，如何在看似合理的做法中找到矛盾，去討論、解釋它，一步步地更靠近問題的核心；如何學會傾聽，靜下心好好地傾聽當地的聲音。你想過嗎？為什麼有的人把你的服務看作理所當然；為什麼前幾次去，當地人熱烈地迎接，幾次以後，他們卻不再那麼熱情；為什麼當你終於提出直指核心的計畫時，他們臉色一沉，告訴你這可能不適合……。

如果你繼續埋頭苦幹，而不傾聽，你所做的，就永遠只是一廂情願的單向服務，你給予、付出、分享所擁有的，並且自滿於這種建立在給予之上的滿足感，那麼，不論你做了多少，都只是繼續兜著圈子而已，問題依舊存在。

你願意傾聽嗎？

正因為矛盾大多建立在關係與利益上，思考這些兩難並找到你最好的解釋，才可能突破服務與當地之間那道隱形的牆。你想起來了嗎？他們總說「你們好有愛心」、「大學生辦的義診這麼完整，真是不簡單」。在當地人心裡，這只是一場像節慶一樣短暫、熱鬧的活動。你帶來的是禮物，不是計畫和方案。

這裡從不需要禮物。

需要的，是懂得溝通、對話與交流的團體，即使他們只是大學生，即使他們經驗淺薄。重要的，是他們懂得傾聽，懂得如何找到資源並善加運用。真正認識了這塊地方以後，他們會改變自身的角色，要從這裡出發，帶回來值得改變的好計畫。

「這裡」正是我們在企劃書裡寫的服務地點，那一處「偏鄉」。若真的想為當地改善問題，我們必須扭轉自己的思考迴路：

「偏鄉，不是我們要去的地方，而是我們出發的方向。」[1]

一比一百的選擇

「我們最好的辦法，是當地『想要』的嗎？」

試著傾聽，我們想解答這個問題。

師伯說了一段故事，告訴我們波羅蜜義診團接洽這些安養機構時，有的機構是不歡迎的，因為對管理人員來說，還要額外「照顧」義診團的醫生們，那是多出來的業務，多做多累而已。機構裡也不是每個人都想接受服務，甚至有些人很抗拒。很明顯地，他們要去的機構不太「想要」，那為什麼要繼續做？

因為他們知道，機構裡有人非常需要接受治療，牙痛不願意吃東西的伯伯、成天亂吼亂叫的大姐、中風又患牙周病的爺爺……這些真正需要的人，卻苦於無法表達，讓多數人忽視了他們的病痛。師伯說，就算只要有一個人需要服務，我們都應該要來。

因為價值。

生命的價值往往是無法以社會的價值去衡量的，每一個生命是同等貴重的，以醫者的角度思考，即使僅一個人需要而一百人反對，在生命的面前，我們也必須盡一切所能幫助這「一個人」。師伯問：「這個人就算明天就要走了，他今天牙齒痛得不得了，要不要幫他？當然要，他明天要走，今天也會想牙齒不痛好好吃一頓啊。這是每個生命的

權利，沒有人能剝奪它。」

我們不免要很「現實」地問：為了做這些事，耗費那麼多社會資源，這合於機會成本嗎？

這絕不是個功利的問題，事實上，正是這種商業思維，敦促我們去尋找影響更廣、成效更好的方案，打個比方，如果救這一個人必須用掉救三個人的成本，那一定要救，想都不用多想，因為這是他的權利，生命的權利。但是，如果這救三個人的成本，有更好的辦法能救兩個人、十個人，而且效果一樣好，那又何樂而不為？

我們的想法是，服務不能因噎而廢食，即使改變很微小，也要盡可能地投入以換取改變。但若能同時保有商業思維，跳脫直線思考，找到事半功倍的方案，豈不是更好的選擇。

先談改變，有些故事一再地告訴我們，服務是重質不重量的，做得好比做得多更重要，何況家訪、診療不過短短三十分鐘，發生在個人身上的改變，若有好的影響，對他們會是一輩子的事。

改變了什麼？說起來也離不開生活。

記得有個爺爺長年插管臥床在家，生活起居全要仰賴小兒子的照顧，管灌、洗澡、翻身、拍痰、大小便……每一件瑣事皆然。小兒子人很客氣，拿了筆記本坐在爺爺旁邊，一邊與護理師聊著，一邊寫下筆記。說是小兒子，其實也是三十好幾的大哥了，他是排行最末的，兄姐都在臺灣，就他留在這照顧老父親。他不太好意思地說家裡沒什麼錢，請不起看護來照顧，只能靠他一個人。

爺爺情況不太好，臥床太久，也沒有專業護理人員照顧，肌肉萎縮了、背部和小腿被壓得要起疹子、皮膚灰皺皺的，塑膠管子蠻橫地穿過鼻腔，留下要灌食的鼻管在一旁。聊到一半，大哥看了看時間說要餵爺爺喝東西了，邊說邊拿起一旁鋁箔包的立頓奶茶和針筒，要抽進鼻管裡。

護理師不可置信地看著那罐奶茶：「這……你……平常爺爺都喝這個嗎？」

他點點頭：「對啊，醫生有說要買奶粉啦，可是那個比較貴，我想說喝這個有牛奶啊，這也有營養啦。」

「大哥，喝這個飲料比較不好啦，太甜了，營養也不均衡。其實鼻胃管的飲食可以自製，不一定要買配方奶。一般的食材蒸熟了以後，和水打成泥，再濾掉渣滓就可以了，如果要均衡一點，可以注意一下主食、蔬果、蛋肉的比例，來，我們這裡有張圖表給你參考……。」護理師拼命地想把所有鼻胃管的衛教都告訴他：「大哥這樣清楚嗎？不會很難，自己做的比喝這個奶茶好啦。」

「有——不好意思啦，我都以為喝這個就好了。」大哥抄著筆記，帶著歉意點了點頭。

「走這條路比較快，十分鐘就到家了。」弟弟拉著哥哥的手。

營隊下課以後，隊輔們會陪著每個小朋友一起回家，這一小段路因為是下課時間，

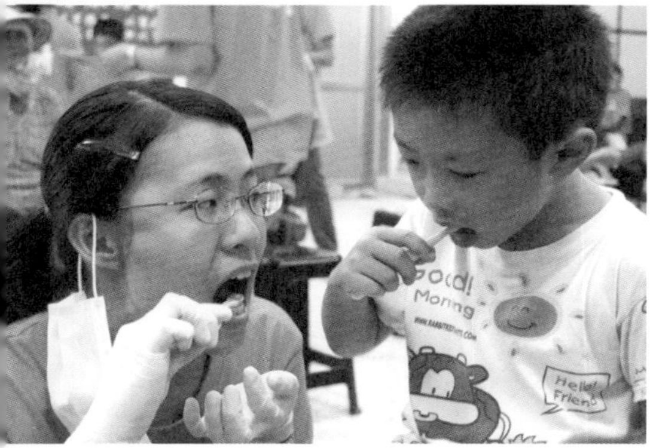

小朋友通常會掏心掏肺地聊。這會兒正好聊到刷牙。

「欸老師，幾歲以後要開始刷牙啊？」

「嗯？」

「班上有些人會刷啊，他們是不是牙齒比較不好。」

「是他們比較乖，每個人從小就要養成刷牙的習慣啊。」

「哪有——媽媽就說小孩子不用刷，反正會掉下來。」弟弟張大嘴巴，「你看，這個洞是上個禮拜拔的。」

「是喔，還會痛嗎？」哥哥心裡開始盤算著等等該怎麼跟男孩的媽媽說。

「不會了——到家了！」

弟弟的媽媽正準備晚餐，看到有客人，她趕忙洗洗手放下手邊的食物，抬起眼和哥哥點點頭。弟弟打開門，書包一丟，立刻轉開電視倒進沙發裡。

「媽媽你好，我是弟弟營隊的隊輔。」

「你好，謝謝你送他回來。弟弟啊，過來跟哥哥說謝謝。」

「沒關係啦。」哥哥趕緊切入正題，要來「導正」媽媽的錯誤觀念，他要跟媽媽說，就算乳牙以後會換成恆牙，也不可以不去照顧它，小朋友如果蛀牙蛀得太嚴重，不但可能產生膿包或蜂窩性組織炎，破壞恆牙的生長，提早拔除也可能造成未來恆牙排列不整，那會影響弟弟的牙齒一輩子的……。

「哇——你們來了喔。」推開門，奶奶正在看電視，一看到人立刻站起身，開心地打招呼。

「嘿啊，說好兩個月以後要來啊，爺爺在睡覺喔？」

「對啦。來，我拿飲料給你們喝啦，外面很熱吧。」

「奶奶——不用啦，我們有帶水壺，不用麻煩啦。」

「不麻煩不麻煩，來——」奶奶笑著塞了一人一罐運動飲料，「今天要聊什麼？」她問。

「聊——奶奶你年輕的時候做什麼工作啊？」

「種田啊，那個時候大家都一樣啦，我們家沒有錢，就幫別人做事，人家給我們一塊田，我們就去種土豆、番薯，收成了再給地主一些收成。那時候很苦啦——你們現在很幸福……。」奶奶說的年代，沒有國民義務教育，鄉下孩子唯一的作業就是快快長大，可以牽著牛、戴上斗笠到田裡幫忙。那時候很苦，吃不飽也穿不暖，一天吃一餐飯，碗裡面番薯籤永遠比白米飯多的年代。

「現在很幸福啦——」這是奶奶的口頭禪。奶奶說的話，其實三句只能聽懂一句，一聽懂關鍵字，就趕快笑著點點頭。

奶奶很幸福嗎？這個小小老舊的平房是她的家，四面牆壁是灰灰髒髒的水泥，沒有油漆過，上頭的裝飾貼著幾張獎狀和女兒的結婚照，她有三個女兒，都嫁去臺灣了。爺爺不愛說話，她說爺爺以前是士官，很嚴肅的。她拿出冰箱裡一袋土豆請我們嘗嘗，那

是今年的收成。

「很香喔？今年的很香。」

「啊對，奶奶你腳還痛不痛？」

「夏天比較好，冬天會比較痛。」

「水有沒有多喝一點？」

「有啦——你們跟我講過，我現在有多喝，現在一天可以喝一瓶。」

開始定期訪視計畫以後，奶奶就是個案戶了，她說不愛喝水，有時候一整天都可以不喝，光喝飲料。經過勸了又勸，跟她曉以大義多喝水才健康，痛風才不會常常發作，她才聽進去，願意喝多一點水。

「對啦，這樣很棒，多喝水多健康！」

我們這才知道，真正需要服務的人，並沒有走出來。

健保使得醫療可近性提升，人人皆能享受到良好的醫療服務，但是，人口高齡化、青壯年外流造成的問題不僅僅是醫療資源不足而已，它影響的是老年人的行動能力隨之下降。對我們來說，騎上車去路口的超商，或遠一點的診所，都是很簡單的，因為我們行動自如。老人家不行，印象很深的還有一個自己住的爺爺，健康狀況還不錯，他的家裡沒有電視、收音機，唯一的樂趣是讀報紙，但他的腳開過刀，沒辦法走遠，沒報紙可看他只好坐著發呆，什麼事也做不了。可是，超商距離他家只有五分鐘的腳程，他就是走不到，家訪完我們跑去要了幾天份的報紙拿給他，爺爺高興地笑了，看得津津有味。

想出門出不了門的、有病痛卻說不出口的、有需求卻只能依賴別人的……這些才是要竭力尋找、幫忙的，我們提供的協助，對某些人來說是多餘的，但對某些人卻如雪中送炭。

服務最有價值的所在，不是幫了一百個人，而是你幫到了真正有需要的那一個人。

謝謝你們來陪我

學會傾聽，我們有了更好的答案。

一直以來，我們提供的服務是「醫療」，也是所有成果的指標：當地需要醫療服務嗎？這些做法能協助解決醫療資源不足的問題嗎？後來，我們也問自己，當地「想要」醫療服務嗎？我們知道：服務不能因噎廢食，一百個人搖頭說謝謝不用了，只要遇見一個人是因為我們，接受了服務而啟動改變，我們就該心滿意足，該繼續辦下去。

只不過，這「不想要」的一百個人裡，他們「想要」什麼？

我們認識了很多可愛的爺爺奶奶，敲敲門進去，原本兩個看著電視發呆的老人家會突然忙活起來，這個說火龍果好甜沒吃完不准走、那個硬是塞了罐麥香奶茶，我們一邊問問題，想多了解他們的身體狀況，他們答得漫不經心地，高血壓少吃鹽、糖尿病少吃糖，另外要多運動多喝水多吃蔬果。桌子上擺了瓶瓶罐罐除了藥還有一堆保健食品，偶爾遇到來路不明的丸散膏丹，我們還得花好一陣子與他們好好「溝通」，聽進去多少？想必多半被當成了耳邊風。勸導完畢，聊聊農事、出海捕魚、年輕時候的英勇事蹟，老人家這才打開話匣子，話題說都說不完。這些老人家，他們「想要」什麼？

還有的爺爺奶奶家裡擺了張高級按摩椅、保健食品一應俱全、兒女從國外帶回來特別有效的好藥，老人家自己三天兩頭跑診所、看醫生，久病都成了良醫，這些老人家不

需要醫療服務，我們去，就是他們新的顧問，這裡痠那裡疼，吃這藥有副作用該怎麼辦、哪裡有名醫介紹一下、病怎麼都不好？問都問不完，問題也多半無解。他們又「想要」什麼？

有群年輕人陪著他們講講古，聽聽牢騷，有時候話題也不多，不知道要講什麼，就任我們東問西問、做做衛教。這是種有人關心、被在乎的感覺，從沒交集的、毫不認識的，也沒有任何親戚、朋友關係，單純人與人之間的關心，像一句簡單的「你好嗎？」、「呷飽未？」，說出口的一方付出的極少，收到的一方感受得卻很深。

他們想要的，是陪伴。

想起國際組織WFWI（Women For Women International）的一段故事。

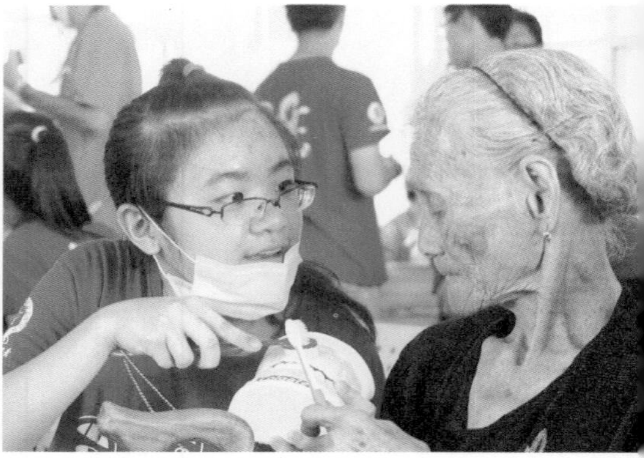

WFWI有一個計畫，是讓一個自由世界的幸福女人，配對一個生存在地球角落的婦女，一對一提供每個月三十美元的教育基金，讓被戰爭迫害的女性學習書寫、謀生的技能。不只如此，這個計畫也讓他們以通信的方式建立友誼，共援助了剛果、盧安達、阿富汗等地超過三十七萬名女性，讓她們得到力量與慰藉，更有勇氣面對創傷。

故事裡，收到信的盧安達女人看著信微笑地說：「我以為我被世界遺棄了，是她的信讓我重新看到了希望，因為我不是一個人而已，在地球的另一端，有另一個人正擔心著我、關心著我，希望聽到我平安的消息。」這是陪伴的力量。即使相隔半個地球，這樣無形的陪伴仍然極有重量，讓許多戰地裡創痛的女人重拾希望。

這正是爺爺奶奶「想要」的吧，醫療服務也許是可有可無的，但是一段真心的陪伴，對老人家而言，卻能換得他們一整天的快樂。我們陪伴、傾聽，讓老人家知道除了兒女以外，世界上還有一群年輕人也很在乎他們，他們健康嗎？生活得好不好？身體還痛嗎？快不快樂？

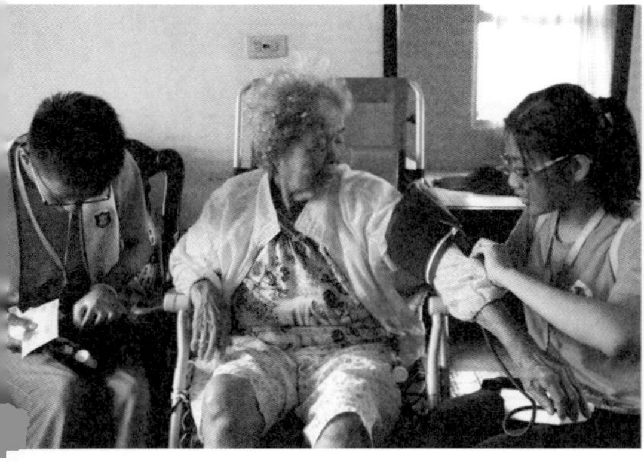

我們約定。下一次來探訪的時候，要多喝一點水、按時吃藥、多做運動，要把身體照顧好，作一個老康健，下次來，要把還沒說完的故事繼續講下去。

動的力量

可惜的是，時間、人力有限，一次出隊十天，馬不停蹄地訪視，最多也只有四百戶，要服務更多人，卻不能失了質；要求服務質好，服務的人就少。況且，服務需要時間，是要坐下來，坐得越久越好，但即使再怎麼拉長時間，能做的也很有限。有什麼辦法，能讓「陪伴」用最少的人力，服務最多的人，又能將時間延續最長？

南寮村的社區營造給了我們答案。

這個位在湖西鄉東北方的村落，居民工作以傳統農業為主，漁業、觀光皆發展甚微，近年因農業收入無法支撐開銷的情況下，使得南寮村成為人口流失最嚴重的村落。從四十年前的兩千多人，到現在只剩下五百多人實居，以老年及小孩為主，加以數十年來許多家戶舉家搬遷，僅留下頹圮的舊房與荒廢的農田，讓這座昔日的「奎壁港社」如今顯得暮氣沉沉。

民國一百年開始，現任的村長與社區發展協會理事長上任以後，為了使社區耆老的記憶留下傳承，便積極動員村裡懂水泥、木工、農事等各行各業的人才，讓村民投入自身家園的改造，推動社區空間營造計畫，也凝聚彼此情感。

村長連絡早已不住在村裡的所有權人，溝通、協調並取得村內閒置古宅與農地的產權，還原古厝舊貌；他也邀請村民一同繪製浮球裝置藝術、彩繪牆面，裝飾美化家園的每一條巷弄；更重現了當年村裡的重要經濟來源——「魚灶」。循著巷弄再往裡走，滑輪取水車、牛屎窟、咾咕石牆菜宅、種植玉蜀黍、花生、地瓜的農田……每一處用心維護的農村意象，皆是村長與理事長奔走、經營，帶動整個南寮村一塊投入整建的成果。

最讓我們驚喜的，莫過於在出隊第四年後由村長組織的「社區關懷據點」，他把村民活動中心做為據點，召集熱心的志工叔叔、阿姨，排定輪班時間，駐點活動中心並定期訪視村裡失能、低收入或獨居的老年人，為他們送飯、聊聊天、打掃環境。有了主政者的推動，不僅成功地串聯起村裡的中生代，照顧到需要照顧的長輩們，整個村的感情也因此更為融洽。

短短五年，南寮從默默無聞的老舊農村，成為澎湖文化旅遊必訪的據點之一，更將文化資產保存、村民情感連結、長輩照護都一

併做好，成為澎湖社區營造的模範村。正是「動」的力量，有件事做、有個任務要完成，讓村民們願意走出來，為家園的共好盡一份心力，彼此守望互助，以完整社區的功能。

澎湖社區營造成功的例子還有二崁、林投村及望安的花宅聚落，都讓原本因人口老化顯得了無生氣的村落，重新恢復活力，更重要的，是讓居民們通過「動」的過程，牽起更緊密的關係，能互相照顧與陪伴，遇有急事能及時給予協助。這才是最好的方案。

服務隊必須清楚自己的定位與能力所及，解決問題不會只有單一途徑，從不同的角度思考，會找到另外一個支點，足以支撐問題的重量。面對問題，請永遠保持懷疑，因為主觀會讓你看見的，只是你「想看見的」，不全是真實情況，像在鏡頭前裝了有色濾鏡，看出去的景象永遠有主觀的偏見色彩。因此，經過長時間的溝通、了解後，請試著從當地人的立場出發，讓自己「換個角度」主觀。

如果沒有換個角度思考，以一個都市衣食無缺的大學生所見，老人家是生活困苦、疾病纏身、行動力低、又沒辦法照顧自己的。那我們的態度就是照護而非陪伴，是關懷而非傾聽，只是憂心忡忡地來去，沒辦法進一步做出改變。

從當地的角度出發，才知道長輩們想要的，除了陪伴，還有能充實生活的快樂。

楊力州導演的紀錄片《青春啦啦隊》裡，那一群參加長青學苑啦啦隊的爺爺奶奶們，到後來站上〇九年高雄世大運的舞臺表演。對著紀錄的鏡頭，他們說：「我一輩子以為自己只是個平凡的歐巴桑，但這一刻，我覺得自己好不平凡。」爺爺奶奶不只要人陪，更要有事情做，醫療是逼不得已的選擇，他們不「想要」醫療，他們渴望健康、快樂、以及源源不絕的成就感。

服務隊要做的是協助社區增能，讓他們自己照顧自己，厝邊鄰里能互相照應，更好一點的，替老人家的生活裡找到新的重心，新的成就感。村長辦的彩繪社區、古味廚房辦桌、古物保存，簡單一點的，每晚一起跳土風舞、唱唱歌，都能讓老人家的生活裡不會只有電視和吃飯睡覺，生活有了重心，與村里建立更親密的情感連結，活力自然顯現。

服務，是為了增能當地。

服務隊能做的，不僅是運用其專業直接提供幫助，更要為當地引進資源、提出更有創意的方案、發現潛在問題，並帶來新的思考。讓當地看到自己的價值、能力與資產，協助增能進而做出改變。

服務隊不是為了解決問題而來，而是為了讓當地能自己解決問題。若有一日，當地不再需要服務隊，力量變得更加飽滿、有充分的行動力能自立，就是服務該退出，也是計畫圓滿的時候。

訪談——黃明文〈波羅蜜義診團團長〉

問　義診的過程中，印象最深的服務對象？

黃　第一個是在老人養護中心，團隊一到裡面，有個被綁在輪椅上的病人開始亂吼，他意識很清楚，卻沒辦法表達，只好趕快找醫生先幫他看。一打開嘴巴，看到整口牙周病，兩顆牙齒爛在那裡搖搖欲墜。哦——他不是在亂吼，他沒辦法講話，牙齒又痛得厲害，只好用這種方式求助醫師趕快幫他。醫師幫他上麻藥、拔掉牙齒，結束治療以後，就看他眼淚掉下來。第二個是一個小孩，很瘦的，家長很緊張，因為他好幾天不吃飯，不會說話，小兒科也檢查不出來。護士抱下來，牙醫一看，一樣是牙周病、牙齒搖搖欲墜的，不吃東西是因為牙齒太痛了，幫他治療好，他笑得很開心，也願意吃東西了。這就是做服務的動力，你看到有人很需要，你有能力可以幫助他，讓他遠離病痛，離苦得樂，這是很歡喜的事啊。

問　很多人覺得去老人院、重症病院做診療是很浪費的，師伯的想法？

黃　對，很多人覺得他們日暮黃昏，做了也沒用。但是，生命不是這樣的，你們想，萬一你老了，明天就要離世，今天痛得不得了，你還是會很渴望今天可以舒服一點。這是面對生命的尊重，也是同理心，那些漸凍人、中風、坐輪椅的老人家，你想想，有一天自己也會老，萬一你也需要照顧，你希望別人怎麼照顧你？

問　與我們一起出服務隊，有沒有什麼感想或建議？

黃　我覺得能培育你們，勝過我自己做，因為我會老，可是趁現在可以把這份奉獻的心交給你們，這是傳承，像在播種一樣。另外也有一些想法要告訴你們：我們義診團去的機構，大多是一般社福團體不願意接的，我們去接下來，人家做大的，能見度高的，我們做小的，病況更複雜的，那有什麼關係呢？只要都是在行善，就都是好的，不要去計較誰比較辛苦。團隊裡也是一樣，你們每個人有人當團長、當幹部、組員，這些頭銜都不是重點，我們是去幫助人、救人，不是當幹部比賽。還有，看你們去做家訪，我其實很感動。有時候病不嚴重，是心走不出來。所以有醫生、有年輕人關心、在乎他們，病就先好一半了。老人家看到你們，會想到自己以前也年

輕，也是帥哥美女、健步如飛，讓他們感受到這股社會上溫暖、有希望的力量，人有希望，病就不會病了。

■ 問　成立義診團的宗旨是什麼？

■ 黃　用真、用誠做義診。義診的牙醫師怎麼請來的？不是我先找來義診，再推銷我的器材賣他們，這樣義診的出發點就不對了。這些牙醫都已經是我的老客戶了，再邀請他們來義診，這是結交善緣，找他們一起做善事，善的果會越結越好。一直到現在，義診已經可以做到完全牙科，有需要的話，可以只收材料費幫病人植牙。我的目標很簡單，能做多少就盡量做，但是可以的話，也很希望義診的機構能回到一般的醫療體系，回到健保裡，這樣才能真正讓每個人得到很好的照顧，不用依賴義診。這個觀念很重要：我們不是為了義診而義診，如果沒有人需要義診，那才是最好的。我們也可以去做更多服務，哪裡有需要，就往哪裡去。

①服務於臺東縣達仁鄉，為偏鄉醫療持續努力、奔走，被譽為超人醫師的徐超斌醫師曾說：

「愛，不是我們要去的地方，而是我們出發的方向。」

資源回收

04

從服務中學習

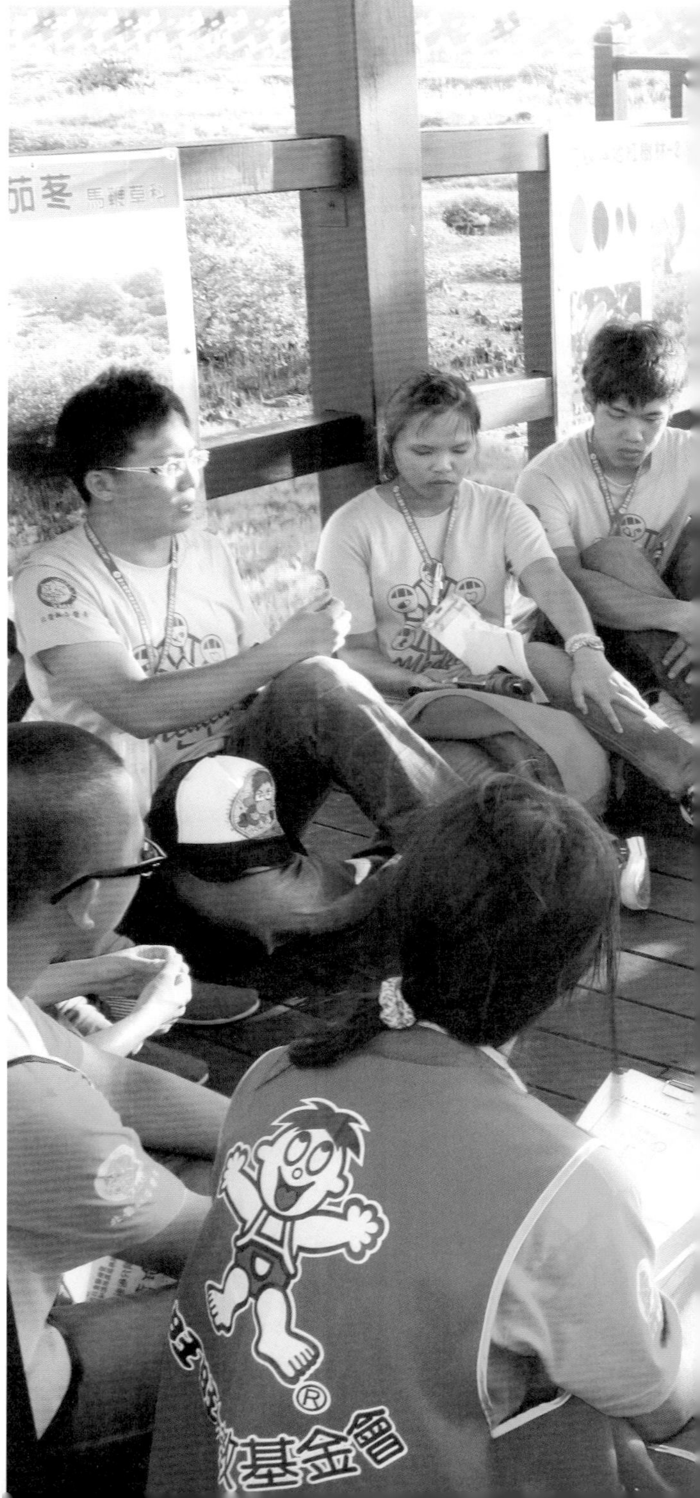

從服務中學習

還記得嗎？你的初衷。

服務隊老愛把這個詞掛在嘴邊，它像是護身符，使我們心定。這個最初的信念，偶爾，在面對難關的時候會在心底響起，提醒你、抓緊你，讓你不因迷失而退卻。

相信在真正去到當地之前，我們對「服務」是不太有概念的，很少人能在第一次出隊以前，就對當地有詳盡的認識，預估成效、分析需求等等。我們會跟著學長姐的腳步，先把教案練熟、道具做好、臺詞記熟。

這不是要你在第一次出隊前就拼命拿那些複雜的問題來困擾自己，如果你連當地的景色都還沒看過，要怎麼做出適合的計畫？這是想釐清一件事，我們的初衷通常包含兩種想法，把「要加入社團挑戰自己」、「結交一群好友」擺在前面，「幫助弱勢的孩子與長輩」擺在後面。

一開始服務的使命感是很模糊的，成效評估、需求分析也壓根不懂，我們心裡想的多半是很直白的，把戲演好讓觀眾開心，把書教好讓小朋友聽懂，還有更重要的，要把朋友交好打定人際關係、能力加強學著辦活動、顧流程。我們多數人正在探索，要繼續參與服務嗎？這個團體有好的歸屬感嗎？跟著出隊可以獲得什麼？

這不是自私的利己的想法，這是每個人必然曾思考過的，服務學習本就是一種經驗

教育，為了獲得特定經驗以達到對自己的期望，加入社團、選擇各種學習方式，我們有權選擇。因為相同的經驗並不一體適用，只要你認為它無法讓你成長、它不適合你，便可以選擇退出。

當然，如果你在服務的過程中找到價值，那麼你就會留下。你發現透過服務學習可以證明自己的能力，在服務中你能夠找到自我價值與定位。

所以再仔細回想一遍，通常我們心裡是這個脈絡：為了尋找自我價值加入社團，這個社團的宗旨、目標正好與你相契合（意思是對有些人而言，舞蹈、音樂正好與他們相契合），你因此找到一份很棒的歸屬感，你決定繼續出隊、接任幹部，也開始關心有關服務隊的訊息，對當地的感情更深厚，願意投入更多心力檢討、反思、評估並計劃。

這是我們每個人的學習歷程，也是必經的途徑，企劃書裡卻很少見到。例如我們不會在服務宗旨寫「提升服務志工的活動企劃能力」、「藉此次經驗以學習出隊技能」，就算要也會寫成「將服務學習之內涵與精神融入於營隊活動中，培養樂觀進取、積極奉獻及關愛社會之服務人生觀」[1]。談論自我價值，這似乎很敏感，也對服務當地不禮貌，表明了我們去是為了自己成長，不是為他們服務的。

為什麼往「學習」這方面思考，就是不公平的，這代表當地需要我們的服務，我們卻只想著自己嗎？

仔細想想，這種想法其實隱藏著上對下的思考模式，代表服務是幫助弱勢，是為當地解決困難，我們擁有的多，他們則少，應以服務的目標優先，學習次之？

這種想法實在必須修正，因為服務學習的意義是「服務與學習並重，讓服務者與被服務者的期望和目標皆能達成。」[2]服務學習強調合作與互惠，服務者與被服務者是合作關係，彼此平等且共享成果，雙方資訊、資源充分交流，一起設計並完成計畫。使服務、學習並重，才是真正對當地的尊重，評估成效時，更必須同時考慮此兩者：當地需求與自我價值。

那麼，還記得你的初衷嗎？現在我們得為自己好好地檢視它。

想結交好朋友的你，是否有了一段很棒的人際關係呢？追求能力成長的你，可以獨當一面，甚至成為其他人的靠山了嗎？渴望突破自我的你，已經成為你想像中最好的模樣了嗎？如果你一開始便在找尋社會正義的答案，因此加入了服務隊，你的計畫、方案足以推動改變了嗎？

除此之外，「服務」要教你的，你學到了多少。在個人方面，你是否應用所學解決社會問題？是否受到服務的影響，從被動的知識接受者轉變成主動的學習夥伴？是否培養更好的合作與溝通能力，有更好的領導技巧？

面對服務當地，你是否擁有足夠的反思與批判能力，帶給當地新的思考？是否能看見潛在的社會問題、不合理的公共政策，組織計畫以協助其解決？對於不同的文化，你是否更熟悉、能欣賞並尊重差異？

最重要的是，你為自己找到了自我價值嗎？

如果「初衷」是你的護身符，面對徬徨與困難時，能使你心定不致迷惘。那麼「價值」便是你的力量，這些事交給你就對了，有你在就沒問題的，你知道憑自己的能力，會超越以往、做得更好，在最適合的位置上，你要發揮最大的影響力。

醫療隊的起點，正是我們實現自我價值的開始。

我們來辦醫療隊！

「夥伴們，我們來辦醫療隊！」會議室裡，團長向幹部們說。

「不可能吧——光每年的營隊就讓大家吃不消了，怎麼可能再辦一個醫療隊？」大夥不太領情。

「正因為有辦營隊的基礎，才可以辦出很厲害的醫療隊啊。」

「重點是沒有時間。」

「不是——你們先聽我說，我們現在有兩個很關鍵的能力，一是醫學專業，二是活動企劃能力，你們想，學校有很多教育、醫療服務隊，他們會的，我們也都會啊，要我們辦，一定可以做得很好。」他很急切。

「問題是你要去哪裡出隊，那裡真的需要義診嗎？而且我們再一年就卸任了，幹嘛還搞一個那麼大的活動啊。」

「地點我已經有想法了，我也認為當地確實很需要醫療資源挹注，但現在先不討論。我的想法是，正因為我們是社團最資深的學長姐，才有辦法撐起一個醫療隊，我們累積了兩年的活動實力，從現有的能力與經驗出發，足以去做更大的計畫。」

要解決偏鄉醫療資源不足的問題，憑我們真的做得到嗎？就算真的辦成了，但是當

地有這個需求嗎？

上述矛盾難解的問題一開始是沒有答案的，我們只能先規劃好與鄉長、村長晤談的日子、第一次場勘、大大小小的開會、社課、籌備工作日誌……一切計畫且戰且走。醫巡義診、家訪、醫學營隊形式尚未確立，隊務分工、活動教案、診療、衛教內容也得從零開始，該從哪裡找醫護人員、藥物、衛材這些硬體器材，我們更毫無頭緒。最重要的是，各組提出的預算根本是天文數字，離島運輸、交通的開銷之大，令我們頭痛極了。

衛福部、教育部的補助款、各大基金會的服務計畫開始接受申請，打開計畫的檔案：服務宗旨、目標、對象、人數、地區特性、組織架構、活動內容、分工表、日程表、預期效益、回饋量表……很多想都沒想過的問題，全在有限的時間裡，要我們給出答案——那也只是理論上預測的答案。畢竟第一次出隊，當地的事完全無法預期，很多問題連村長也無法告訴我們，更何況，眼下更傷腦筋的事恐怕是募款夠不夠、活動流程順不順、義診、營隊會不會有人來……。

「行政組報告。支援公文已經申請好了，在三月初會全部寄出去。然後醫護人員住宿的部分，這是預計要訂的民宿，大家看一下。」行政組長說。

「可以的話就訂在同一間吧，人員照顧也比較容易。」隊長發言。

「好，不過旅遊旺季剩下的房間有限，真傷腦筋。對了，宣傳海報和出隊手冊的內容下次會議上請給大家校閱。」

「不是還有一本衛教手冊？」

「對，不過那一本要給醫護學長姐審查，恐怕下個月才做得出來。」

「OK，麻煩你們了。換醫巡診療組吧。」

「首先，這份清單是要麻煩籌募組募的醫牙材和藥品，已經由醫護檢查過。不過，實在是有點多。」醫巡組長說。

「我們會努力的……。」

「然後，口檢表、健檢單、病歷表、診療單和轉介單的初步格式就長這樣。學長這個想請你給點建議。」

「主要依據我們這次會進行的義診項目去做調整，你看，像診療單上可以再加一格建議衛教的內容，這樣，醫師看完診，帶位的同學就可以一邊講阿公阿嬤需要的衛教觀念。細部修正開完會我們再來討論。」

「謝謝。另外，預計開兩堂社課，第一堂是基礎的診療認識，包括義診動線的規劃、表格填寫教學、診療器材的認識，還有用藥的注意事項。第二堂以牙診為主，包括口檢表填寫和牙科設備使用。」

「衛教的部分呢？」

「也會包含在社課裡面，等出隊考試再抽考衛教和醫材使用。」

「好，謝謝。換家訪組報告。」

「各村詳細地圖在場勘時已經跟村長拿到了，裡面畫得很詳細。家訪問卷也確認好了，請大家看一下有沒有要修正的。家訪社課也安排好了，以居家護理、常見老年疾病衛教為主。報告到這裡。」家訪組組長拿起厚厚一疊地圖傳了下去。

「好，家訪組進度很好耶，那換醫學營囉。」

「營隊也是一樣，場勘以後，借用的場地都確認好了。文澳、西溪國小的場地清單在這裡。各教案負責人也選出來了。資料上列了幾堂課是預想的，之後會再請主任確認。」營隊分隊長是超級孩子王，技能是瞬間和小孩們打成一片。

「太好了，報名表也記得趕快寄給主任，請他們代為宣傳。最後請馬公高中分隊報告。」

「食宿和場地規劃好了，教案要下大地遊戲和營火晚會。課程希望以各個系的專業為主，醫學解剖、生理學……總共八堂課，以及安排到當地醫院參觀，才可以面面俱到。」馬高分隊長說。

「對了，記得申請公文寄給醫院，再跟院方確認時間和講師。」隊長說。

決定辦醫療隊以後，幾個月以來爭吵、埋怨、懷疑從來沒停過，有人不負責任、有人很不講理、有人甚至出走了就沒回來……原本看來默契絕佳、力量強大的夥伴們，面對未知，一樣脆弱地不堪一擊。現實面，募款進度遲滯不前，診療設備、藥品也不齊全，衛教手冊、診療單、問卷改了又改，彼此難有共識。

儘管焦急得不得了，也只能等待，無止盡的等待。這個學期，大夥的心像被捏緊了一樣，一刻也不能放鬆……。

失去、成長

「還好嗎？」學姐遞了一張衛生紙給男孩，輕輕地拍拍他的背。

今天是出發前最後一晚，學長姐做了一部回顧影片要為他們加油打氣，影片看著看著，眼淚就好像潰了堤，停不下來地哭著。男孩自己也不知道怎麼會在這裡，這個時候，想起那麼多的事。

那些事，味道可能比眼淚的鹹和苦還要複雜得多。那些壓力、沮喪、無助的記憶全混雜在一塊，溶在一滴滴的眼淚裡。才擦乾，瞬間又占據了眼眶。

男孩沒有說話，他只是一直哭。

學姐也沒有說話，她靜靜地陪著他。

其實男孩一直知道有一天他會止不住地流下眼淚，他一直都知道。

原因也許是始終得不到父母的支持，父母始終無法理解，為什麼整個暑假只能回家一個禮拜，其他的時間不是在離島，就是在學校辦營隊？為什麼不好好念書補習，為未來做準備？把自己搞那麼累，身體變差了、功課也沒顧到，到底在「服務」什麼？

也許是好多夥伴離開了。太累了、吵架了、有別的規劃、不認同社團……幾天前合作完，男孩還覺得有這個夥伴，真好，幾天後夥伴竟抱歉地說要離開了，沒有原因地離開了。彼此擁抱、祝福，「要常回來看我們喔——」他好不容易擠出了笑容，心裡卻是滿滿的不捨。

男孩感到身心俱疲，他和夥伴們累壞了。同學坐在教室裡認真時，他要拿著大聲公賣力宣傳活動；好友約週末出遊，他搖搖頭，手上的企劃書今天就要趕著送件；深夜，他們買了宵夜得看天亮了，因為幾天後晚會的道具和教案還難產中。上課不能上、出遊跟不了，還得常常熬夜趕教案，他開始管不好情緒，也不知道為了什麼努力。熱血、青春這些充滿光芒的詞，他只覺得好諷刺。

甚至，他心裡深信的價值開始動搖。

他很懷疑，出了隊、帶完營隊以後，他們可以影響這群孩子們多少？陪著孩子們四、五天，教育、陪伴真的起得了作用嗎？營隊結束以後便少有聯繫，即使加了通訊軟體，也不常有話題。他多希望孩子們偶爾有功課上的難題

會來請教他，遇到生活上的迷惘會想聽聽他的建議，面對一無所知的未來，他可以陪著孩子們往前探探路。這才是他心裡真正「有價值」的服務。

但現實是，孩子們的認識太淺，沒有建立信任關係，他們想問也不敢問。營隊如是，醫療隊亦然，他感覺服務只是過客，如蜻蜓點水，難以激起廣大的漣漪。

男孩想起幾年前參加大學營隊以後，他好渴望成為舞臺上的哥哥姐姐，他們的團結、自信和快樂，都是他心所嚮往的，更種下他一心想加入服務隊的種子。他的初衷很簡單，能找到一群要好的夥伴，成為心目中自信的隊輔，將他當年的感動傳承下去。

「我做不到……。」男孩哭著擠出這一句話，付出了這麼多時間和心力，為什麼到頭來只得到父母、好友的不諒解，既影響不了孩子們，也沒法改變偏鄉醫療的困境，他感覺全心

投入的服務沒有相等的價值。他只得到失去。

「這……這一年來……我……我失去了好多夥伴，也失去熱情。我覺得好累，不知道在忙什麼……。」男孩抽抽噎噎地說。

「孩子，你一定累壞了。」學姐心疼地問：「但除了失去，你有沒有得到什麼呢？」

他胡亂給了一個大家都愛聽的答案：「成長吧……。」好像連連看一樣，失去的後面如果要畫上一條筆直的線，就會連到成長。

去你的成長。

他更會演戲、主持，變得不怯場了，也學到怎麼寫企劃書、安排活動流程，寫好服務方案，他甚至為服務隊成功募了款，他的確成長了。但是做的事如果沒有價值，不曉得為何要做，成長又有什麼意義呢？

現在的他，沒有任何可以相信的價值了。男孩覺得自己像漂流海上的小船，以前的他有兩把強而有力的槳，一把是夥伴、是熱情，一把是服務、是教育。現在，心裡沒有了價值，就像失去了槳，小船頓時沒了動力，在浩浩汪洋裡如浮萍無處可去，也無一處要去。

最重要的價值

「接下來的活動，請各位以嚴謹的態度面對它。不論發生什麼事，沒有學長姐的指示都不准把眼罩拿下。」學弟妹們戴好眼罩，探索活動的主持說。

「等等，我們會走過一段未知的路途，途中會遇到許多障礙與困難。你，可以選擇單打獨鬥，可以默不作聲。或者你願意相信夥伴，互相幫忙，走過困難。該怎麼做？你自己決定。但是希望，你們能將『團隊』兩個字放在心上。現在，牽起左右夥伴的手，我們一起出發。」

探索教育體驗的活動中所有人必須戴眼罩，將手牽好，形成一個長長的人龍。主持將帶著所有人走過樓梯、草地、紅磚路、山洞、各種高低不等的障礙。矇著眼的學弟妹只能靠著彼此提醒，用身體去感覺以後，再出聲告知後方的夥伴。

過程中，學長姐只會從旁做必要的協助，如果不至於受到傷害，就會讓學弟妹們自己感覺、發現，然後把狀況傳遞下去。

一開始通常很安靜，只聽得見主持不斷提醒的聲音。

「小心！」有人沒踩好，踉蹌了一下，身旁夥伴立刻抓緊手把他扶穩。

慢慢地，聲音越來越多，越來越堅定。

「前面是上坡喔。」

「前面有上坡。」

「上坡，有點陡喔。」

「一、二、三……七，樓梯總共有七階。」

「有七階樓梯。」

「呀，第二個樓梯不太穩。」

「七個樓梯，第二個不太穩喔。」

「唉呀，上面有東西，要低頭。」

「唉呀，低頭低頭。」

「唉呀，快低頭！」

「閃過了！」

慢慢地，每個人都願意發出聲音，用自己的經驗提醒、保護彼此。經過兩個小時的活動，才終於使所有人安全地到達終點。

活動結束後，所有人就定位。安靜了幾秒，主持說：「恭喜各位完成了第一個挑戰。現在，請各位沉澱一下心情。回想剛才的情況——一開始，眼前一片黑暗，每一步都好不安。一開始，你不敢出聲提醒夥伴。一直到你聽到前方

傳來的聲音，你開始慢慢卸下心防。你知道你必須幫忙把這些提醒傳達下去，才能讓你的夥伴不受傷。讓他們安全。」學弟妹低著頭，靜靜地。

「注意到了嗎？這些路上的障礙和眼前的黑暗，開始變得一點也不可怕。因為你願意靜下心想辦法，完全地相信身旁的夥伴。同時，你也願意出聲提醒後面的人，給予他們幫助。這些困難，變得一點也不可怕。剛才，有人因為站不穩，被夥伴拉了一把嗎？」幾個學弟妹很快地舉高了手。

「記得你心裡浮現的第一個念頭嗎？」主持頓了幾秒後說，「現在的你，不會去在意身旁是誰，你會很專心地聆聽，感覺各種訊息，並傳遞下去。你完全相信前方的訊息，你也願意相信左右夥伴的幫助，你更願意去幫助他們。各位，請一定要記住這種全心信任的感覺。」

這是一年一度的幹部訓練，是準幹部們必經的培訓。過程中，以簡單的活動闡釋意涵，如效率、分工、信任等等。每個活動結束以後，主持會請學弟妹先回想在活動裡的感受，並做分享，彼此交換心得，接著，學長姐會重述活動中發生的狀況，遇到的困難，一步步地引導學弟妹探見活動中最重要的思考。

短短幾天裡，要讓學弟妹不僅能對組內事務更熟悉，成為獨當一面的組長，更重要的，透過活動意涵的體會，要讓他們能放下自我、懂得合作，並以團隊共好為優先考量。

「學長，你當初高中的時候，該不會就夢想著要辦醫療隊吧？」幹部訓練時，前一屆、前前一屆……甚至第一屆的社團老學長姐們也會回來參加，以分享、傳承經驗。

「怎麼可能——想都沒想過。」學長說。

「也是啦，剛進社團也沒辦法一下想那麼遠。」男孩若有所思地說。

「對啊，這些『夢想』其實是一邊成長一邊慢慢成形的。當你能看得越遠、能想得越周全，辦了很多活動以後，會慢慢摸索出自己的能力，找到在團隊裡專屬於你的位置。然後你才會有夢想。」

「那我再問你，當初怎麼會加入楓杏？」

「因為高中參加過一個營隊啊，那時候很崇拜那些大哥哥大姐姐，就會期待上大學以後變得像他們一樣厲害。」

「原來我們都一樣。那時候我還跟隊輔說要考上陽明，當他們學弟妹。」男孩笑著說。

「你現在也變成讓小隊員崇拜的隊輔啦。」

「我跟你講，這次楓杏的新團員，有兩個就是以前我的小隊員。有些人雖然不是北醫的，也加入了服務隊，往偏鄉、往海外去服務，他們偶爾會傳訊息給我，說服務隊收穫很多，說很感謝當年的營隊遇見我這個隊輔。」

「哇！很棒耶。」

「對啊，不過我現在更想趕快變成一個厲害的組長，能當學弟妹的靠山，在同輩之間，也能當一個讓人信賴的活動組夥伴。」

「沒有問題的！只要你找到了自我價值，隨之而來的就是自信，和一群志同道合的夥伴。」學長說。

男孩笑著點點頭。他想起那一次的眼淚，大學哭得最慘的模樣，他想忘也忘不了。影片裡有兩句話是學長姐送給他們的：「多少次流淚，是因為我們願意為了夥伴，為了學弟妹努力；多少次低潮，是因為我們盡力了，卻達不到對自己的要求。」

很多眼淚與低潮，現在回想起來，都帶給他力量。他知道，自我價值的實踐是一趟長跑。

很多時候，我們只能堅持著所信任的價值，開始這一趟長跑。我們的起點，通常不是什麼雄心壯志，我們會一路不安、懷疑與害怕。身旁一塊起跑的夥伴，可能因為各種原因，離開這段路。你開始會感

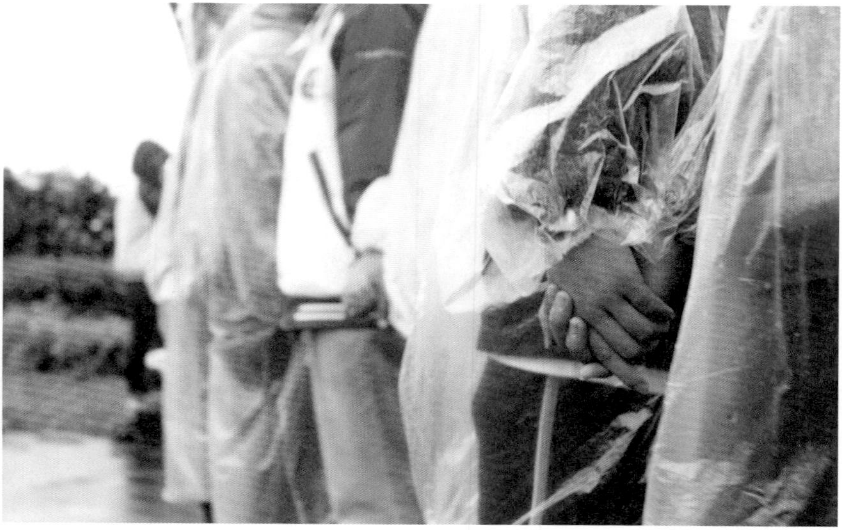

到孤單、徬徨無措。你汗流浹背、視線模糊了，你看不到終點，慢慢地，只能聽見自己的喘息，你快要撐不住了。

好累、好痛苦、好煎熬，你問自己為什麼選擇踏上這段路，為什麼要這樣折磨自己，心裡無數個質問浮現，每一次都像重重一拳打在心上，你被自己的懷疑打得遍體鱗傷。你已經失去了跑下去的動力。

但是你撐住了，你告訴自己不可以放棄。

定下心、努力地穩住呼吸，你會看到，原先熟悉的景色悄悄地換上另一幅風光，腳下的路從柏油路踏成了泥土地，連呼吸之間的氣味也少了些什麼，卻多了些什麼。

你從來沒有失去任何事物，你只是換了個方式擁有。

後來，聊起那段創隊的歷程，每個夥伴的開場白都是先嘆一口氣。因為我們不但沒辦法細想當地的「需求分析」，辦活動的想法也遠大於去服務，好像義診是一個大型教案，道具、臺詞準備好就可以了。甚至，我們無法確定這場「活動」辦得好不好。

關於服務的思考，是在過程中一點一滴慢慢完整的。這也讓我們深刻體會到：服務，在有能力做出改變之前，我們向被服務者學習的、以及過程中內化推動的自我改變，才是服務先要教我們的。

我們是先向「服務」學習，然後才有能力增能當地。

後來，我們辦了場成果發表會，邀請父母一同見證服務隊的點點滴滴。他們的兒子女兒很用心地「玩」社團，雖然寒暑假不回家，卻到離島辦了很不錯的義診和幾場有聲有色的營隊，可能功課不比別人，但是他們會看到兒子女兒有了成熟、負責的肩膀，也有計劃、實踐的能力。

我們遇見善心的大哥大姐拍拍肩膀對我們說要加油，交給你們了。義診站裡長輩緊緊握住雙手，說謝謝，有你們真好。臉書上、聚會裡孩子們說，謝謝當初遇見我們，他們也正為服務隊努力地付出，也擁有相同的體會與感動。

我們認識了一群同在服務路上的夥伴，夥伴們有的上山、渡海，看到了需求，會奮不顧身地往前。有的留在自己的城市裡，為服務對象的權益努力著；有的在遙遠邊陲的國度，為心目中的公平與理想盡最大的力量。

我們真的成長了。懂得合作、溝通，更熟悉於計劃與整合，還有當地帶給我們的，是觀察、反思與對社會議題的敏感度。出隊過後，我們才懂得如何站在當地角度思考，易地而處地考慮其需求，也才了解到，服務是你得全心投入社會議題，才能看見癥結、做出改變的。

我們也被服務改變了。變得更能以同理心看待差異，更能反省自己、明辨事理，每一個人都要為了團隊的共好而努力，我們先放下自己，然後更認識自己。同時，我們也更認識這塊土地，能聽見她的聲音，並為當地帶來新的思考與方法。

服務，讓我們證明了自己的價值。

「回來啦，累不累，幫你倒碗湯？」

「不累，今年我們做了好多厲害的事，慢慢跟妳說。媽咪，這個送妳。妳看，我是二月男主角。」今年學校的官方桌曆選了張服務隊照片作二月代表，剛好是男孩和孩子們的合照。

「學校做的啊？可是現在才一月耶兒子。」

「不管，妳的月曆今年只有二月！」

訪談——黃文成〈指導老師〉

問　學長當初為什麼加入服務隊（北醫康輔）？

黃　其實沒有很了不起的原因，上大學想做些不一樣的事，那時候康輔很強盛，是北醫很大的服務隊，就跟著出隊了。一開始也不知道什麼是服務，只知道要去山上的國小教書、家訪。

問　服務過程中，印象最深的故事？

黃　印象很深是第一次去花蓮，很偏僻的整座山只一個小學，心裡期待小朋友很可愛啊，整天繞著你轉的，可是一到當地卻感覺小朋友不太友善，他們覺得我們是「故意」去服務的。也沒時間多想，因為準備期都在練教案，驗收到天亮繼續驗收，沒時間睡覺的，學長姐也不像學期間人很好，變得很要求、很嚴格，那時候開始很逃避，想著出完隊就要退了，為什麼帶服務要把每個人都搞得很差勁的樣子，明明可以輕鬆一點。一直到營隊晚會表演以後，和小朋友的距離一下子拉近了，很有魔力的，好像表演會讓彼此卸下心防，是建立關係的第一步。後來，有一次讓小朋友發現我們在營本部偷睡覺，小男生像哥們一樣走過來拍拍我，說：「很累哦，辛苦了。」我們好感動，感覺努力值得了，我們改變了小朋友心裡的角色。我開始看見服務是可以改變些什麼的。

問　除此之外，有沒有什麼事影響、改變你很多？

黃　有一次小男生的爸爸衝來學校，渾身酒氣，到處罵人，因為校長不在，我又是隊長，心裡怕得要命還是站到爸爸前面，跟他對看、試著溝通。爸爸說：「我知道你們在玩什麼，請你們不要來了，造成我們困擾。」我一邊試著安撫他、一邊解釋，低下頭就看到那個男生緊緊抓著我的衣服，站在一旁怯怯地看。過了一會，校長就來了，事情也算和平解決。這次真的影響我很大。第一我開始思考，我們的服務是不是真的都是好的，爸爸說的也許是真的，對他、對某些人來說很困擾，如果這樣，我們該怎麼做？第二我也同時想到，如果小男生的生命裡沒有多幾個老師、哥哥姐姐足以當他的好榜樣，讓他知道是非對錯，讓他有改變自己人生的渴望，那他很可能長大以後變得跟爸爸一樣，是令大家傷腦筋的人物。第三是我突然意識到「責任」，原來有了責任以後，我要更勇於承擔，當別人的榜樣，我要自我成長，才足以保護我身後的人。

問　服務應該保持什麼心態？

黃　首先，如果你是辦營隊，你會是小朋友的榜樣。所以你的形象、言行都很重要，你可能做的事不多，但是他們會記得，而且更重要的是我們會帶給孩子、帶給當地一種寄託，小朋友會知道在社會裡有一群哥哥姐姐很關心他們，他們也要為自己努力，證明自己。同時你要認知，出隊是一次很重要的服務學習，你要很重視自己的成長，設定目標、記錄你的改變。有沒有能力當夥伴的靠山，可以無私地為團體付出；能不能更體會當地需求、更有同理心；你的想法、觀察要越來越全面，也要更會溝通。甚至你要拉夥伴一把，讓整個團隊一起成長。看到整個團隊更有默契，做的事成效越來越好，這成就感可是會上癮的。

問 給所有服務志工的建議。

黃 其實我們很幸運，做的是醫療服務，醫療很單純，付出、收穫是立見成效的，也很容易體現服務本質，它讓你知道當地有所改變，也很容易連結社會資源。可是，不論什麼類型的服務，它都是我們試著實踐理想的過程。因此，請承擔起這段過程，這是我們開始為自己創造理想，拼命地實現自我價值的時刻。

①105年《教育部補助辦理教育優先區中小學生營隊活動要點》。

②黃玉總校閱，徐明等人著，《從服務中學習，跨領域服務：學習理論與實務》，洪葉文化。

FLYER®

05

勇者的真誠

快樂變得很簡單

「南淵哥，在你服務的記憶裡，有沒有出現轉捩點？讓你看待服務的心態、想法一下子轉變很多。」

「我當社長那一年，和基金會合作很深，也開始幫忙帶隊、訓練服務志工去內蒙、泰北，是我第一次投入海外服務。海外，臺灣出隊最大的不同就是時間，跟當地人、夥伴一整個月都相處在一起，情感會變得很不一樣，在臺灣服務，小學的老師、學生相處頂多五天、七天，我們也不會太麻煩他們。可是在海外不一樣，人生地不熟，我們會變得很依賴當地人，時間一長，『服務』這件事開始模糊，不知道是我們在服務他們，還是他們在照顧我們。」指導老師南淵哥說。

「感覺不像去辦服務隊，像是交流。」

「對，彼此交朋友。也開始疑惑他們真的需要服務嗎？」

「哦？」

「他們的生活很簡單，日出而作，日入而息，一天能捕到兩條魚、打兩隻飛鼠就很滿足，我們問：『這裡都沒有電視喔？』他們卻說：『要電視幹嘛？』我們才發現，原來缺乏是我們給的，我們快樂的門檻很高，很困難，看到的是當地物質的缺乏，卻看不見他們心裡的富足。一整個月，跟著他們生活，被當地的氣氛感染，你會感受到快樂其實很簡單。」南淵哥回答。

「可是當初基金會選這裡，一定有當地需要幫助的地方吧。」

「當然，我的意思是，我們不應該硬把自己快樂的標準套用到他們身上，認為他們需要服務，我們覺得沒飲料、沒冷氣很苦，他們從來都不覺得啊，他們沒有那麼『需要』。服務不應該有刻板印象，不一定要給予、付出才是服務，應該找到不同角度切入，可以幫忙，不一定非要給出什麼才是服務。」

「我們可以做什麼？」

「思考服務該如何在短期進駐之下，可以做出長久、具永續性的成果留在當地。例如我們辦醫療隊，義診是短期的資源投入，醫療衛教就是可延續的服務。所以醫療隊也一直在調整型態，你看，我們送急救箱給居民，教他們怎

麼用，就可以防止小傷口惡化感染；我們家訪、在活動中心開課，為爺爺奶奶、看護講飲食、衛生、用藥習慣，這是很日常生活的，服務期很短卻能永續。」

「我懂了，這樣辦服務的確更有幫助，可是這也算是一種資源、知識給予啊，你剛剛說可以幫忙，要怎麼做？」

「我要講的例子是以立（以立國際服務）[1]的服務模式。他們的做法就不一定是帶東西去當地，也有就地取材的，當地需要什麼，由當地人教你怎麼做，服務志工幫忙他們完成計畫、解決問題。例如當地農村需要蓋一間農舍、灌溉系統，那志工就幫忙搬貨、做工，建築專業的人是當地人，志工只是去當勞力而已。」南淵哥說。

「這有需要號召一批人去幫忙嗎？」

「有啊，當地缺的正是人力，如果沒有這批人去，這個建設可能要耗幾倍的時間才能做好，剛好這些志工補足了人力資源。重要的是，你出團去當地得要自行負擔費用，這樣既不會占用社會資源，可以讓

有心體驗國際志工的人有良好的管道參與，更可以幫忙當地完成建設，這是三贏的服務模式。」

「嗯，這幾年國際志工風氣很盛，很多大學生甚至會自費以挑戰自己。」

「不只大學生，有次跟他們聊到，甚至有企業出資讓一群高階經理出團，如此企業可以藉此觀察每個人的領導、合作能力，做為企業的人事依據。」

「但是，這會不會像在消費當地？」

「沒有這個問題啊，第一他們的經費是服務志工自費的，第二他們不是硬把需求套用在當地，做當地不一定需要的服務，以立做的都是當地原本就要做的，蓋棚架、鑿井、種田，真的就像交朋友，只是替他們分擔一些苦力。志工得到寶貴的服務經驗，當地也得以更有效率地把事情做好，這是雙向的互惠。

除此之外，如果看到當地水源汙染，又沒有相關人才解決問題，以立也會為當地思考方法，如何過濾或開發水源、維護現有資源等等。如果當地需要錢蓋一個倉庫，也不會直接募款來蓋，會試著開發在地現有的資產，例如當地若有很多野生的香茅草，他們卻不會利用，就教他們如何提煉精油，以創造新的自給自足的經濟型態。」南淵哥回答。

Sawubona 你好，史瓦濟蘭

孩子啊，
如果這片曠野是你無憂地歌唱、牧牛的所在，
那麼請忘了那些不切實際的旅人帶來的夢想吧！
那是他們的夢想，不是你的；
我們唯一的希望，
就是能讓你健健康康地成長，
其他，別無所求。

醫療隊成立後三年，得力於北醫附設醫院駐史瓦濟蘭醫療團與飛洋國際服務團的幫助，我們牽起了往史瓦濟蘭王國的寒期醫療隊，服務日程僅十天，行程很趕，除了到ACC阿彌陀佛關懷中心②、St. Philomina國小辦營隊、義診，也到當地醫療機構、非營利組織參訪，以認識史瓦濟蘭的醫療、健康現況。

「Sawubona」是當地母語Siswati，意思是「你好」，當地官方語言則為英語。翻看臺灣的官方資料，裡頭寫道「史瓦濟蘭是位於非洲南部的內陸小國，為南非地區最小的國家，約為臺灣面積的一半，西鄰南非，東接莫三比克……自然資源豐裕，卻是世界

上最貧窮的國家之一。史瓦濟蘭為臺灣邦交國，與臺灣有深切的合作歷史，包括行動醫療團、農業技術團等合作，目的是希望能使當地居民提升醫療、生活品質，免於疾病、飢餓之苦。」

世界展望會的敘述是「史瓦濟蘭在全國約一百一十八萬的人口中，其中二十五萬六千人，占總人口約百分之二十一點七的人民，需要面對糧食短缺或是不足的情形。」或者，臺灣家扶基金會也寫道「史瓦濟蘭有百分之六十三的人口生活在貧窮線下，偏遠地區貧窮百姓的生活費一天甚至不到一美元。」駐地醫療團的紀錄則是「長久以來，該國的愛滋病毒感染率居世界之冠（百分之三十八點八），二〇〇五年人民平均壽命為三十歲，預估二〇一〇年將低於二十九歲。」

出隊以前我們找了不少資料，內容很讓人心驚，因為做的是牙科治療，雖然洗牙、塗氟等非侵入性的診治占多數，但偶爾還是會遇到需要拔牙的病例，或者被怕痛的孩子無意地咬到手，製造出傷口，考慮到當地愛滋病的高感染率，儘管我們對疾病有充分的認識，卻還是不免感到高度警戒。

不過，當這些「可怕的」敘述對應到現實，會是什麼模樣呢？

從南非機場到史瓦濟蘭的車程中，我們的第一印象是，美。這片無垠無盡的原野之上，廣袤千里無盡，夏末青綠轉黃的野草，草高及踝，鮮綠、翠綠、黃綠的色彩舞動這海拔一千公尺的亞熱帶草原。車速一百二十，窗外是大把大把的風光明媚，一路彷彿沒有盡頭，直要駛向天際。

但很快地，進入史瓦濟蘭國境以後，現實的貧窮樣貌便出現了。貧富居所通常相去不遠，兩相對照的畫面顯而易見。這會兒看到的房舍是藍頂白牆，設有電網圍籬，像一幅明信片中常有的歐式風情，你幾乎可以想像走出來一位身材略顯豐腴的婦女，穿著隨興而優雅。下個片刻，車再急急駛過的，這會兒卻成了中學歷史課本裡才能出現的黑白影像，屋舍簡陋，木架的房屋看不到像樣的門，兒童嬉戲其間，衣服卻破爛不堪，手上沾滿了深紅褐色泥土，拍拍身上，抹抹打過噴嚏的鼻子，便繼續玩鬧，打滾。

後來，某些場景又一再提醒我們當地經濟的困窘。例如超市購物時，當我們張羅著午餐，往推車裡放入一個個美味的水果、大塊的牛肉、麵包、糖果，身旁的幾個年輕人，穿著補了又補的寬鬆褲子，只能抱著一罐冒著泡泡的橘色飲料，啃著一條十五、六塊錢的吐司填飽肚子。

事實上，我們尚未走到當地生活在貧窮線以下的地區，所聞所見的多可以吃飽穿暖。原先很難想像的，如今近在眼前。貧窮，意思是兒童一天常只有一餐的溫飽，來自學校的營養午餐（如熬煮濃稠的雜豆粥）；身上的衣服通常不是自己的，幾年前慈善組織發了一件過長的T恤，幾年後長高，衣服竟遮不住肚臍了；而愛滋病的盛行，竟能輕易地奪走生命，在這裡，有一半的嬰兒因為愛滋無法活超過兩歲。

貧窮的意思是，認命。

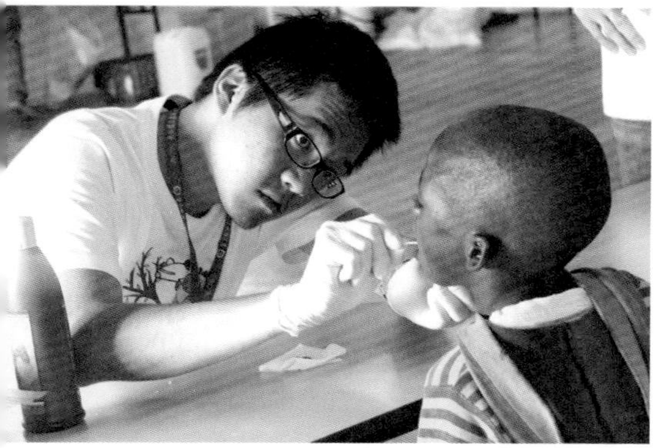

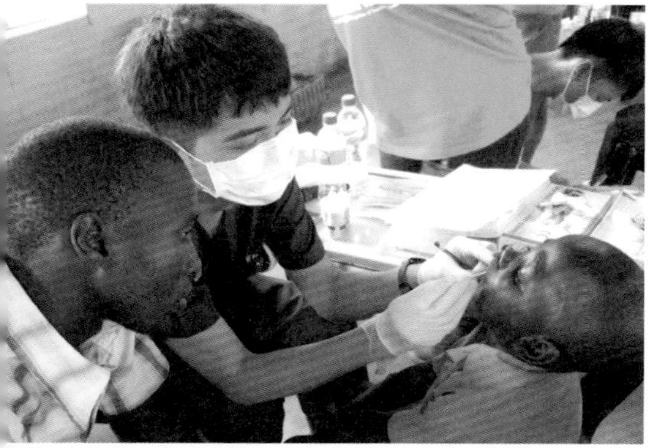

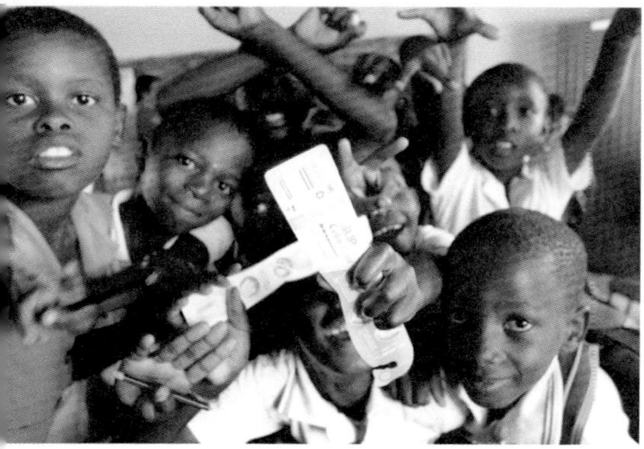

「我們可以做什麼？」

臺灣駐地的醫療團和農技團，給了我們很好的答案。醫療團在首都史京醫院（Mbabane Government Hospital）長駐有臺灣多位權威醫師，並建立了當地僅有的洗腎室、加護病房等硬體設備。他們為當地做的，不是直接在原有的制度中橫架起臺灣式的醫療，生硬地改變當地的醫療習慣，而是先觀察、試著融入，並熟悉彼此的做法，先加入醫療小組一起救治病患，有了好交情，再與當地醫護一同討論改善的方法。

農技團同樣如是，先與當地農人一起挽袖、扛起農具耕作，一起種稻、牧牛以後，再試著提出適合當地氣候、農民習慣甚至是民情的農改方案，幾年下來，成果豐碩，不僅收成大幅增加，更多了許多品種的改良作物。

這些海外服務的前輩用他們的經驗告訴我們，服務，不是急急忙忙地去做改變，將當地不一定需要的套用上去，而應先觀察、從旁建議，確切地了解當地情況之後，再與當地人一起思考，協力找出解決之道。服務，應先有交情，再談交流。

回到醫療隊身上，時間卻只短短十天，與長駐近十年的醫療、農技團不同標準，應思考截然不同的做法。

該怎麼做？我們的想法是，第一，做短期而能延續的服務，第二，填補駐地醫療團的不足，且必須是最貼近當地角度的需求。正好，這兩條路殊途同歸，皆指向牙診與口

腔衛生，因為服務隊一年一度，為學童們塗氟、窩溝封填，效期剛好維持一年，如果是蛀牙，嚴重的齲齒及時拔除以後，才能保細菌不繼續往下侵害神經，挽救進一步的傷害。幸運的是，臺灣醫療團早已訂好每年固定的行程，到史瓦濟蘭的偏鄉辦社區義診，我們只要做好醫團缺少的牙診這份工作，其餘的聯繫、行政事務，醫團早已經驗老道。

義診在國小的教室進行，報到、醫診、牙診、藥局各司其職，除了國小學童，社區民眾也頗多，小小的走廊上站滿了等待的人群。教室空間十分窄小，再放進三個供病患躺臥的長桌、診療椅、器材桌，令大夥行動更侷促了。

挨著身子看診一整天，孩子從高年級到低年級依序檢查，雖然蛀牙情況越來越少，卻越來越不受控制。有時只是躺下來，什麼也還沒做，小孩就哇地一聲哭了起來，牙醫只好趕緊放下器械安撫他，等他好不容易止住眼淚，才能好好地檢查；有時是害怕打針的小孩，一看到針頭便躁動不安，不僅眉頭深鎖，眼睛、眉毛也像被蠟緊緊封住，額頭上更不時滴下豆大的汗珠；偶爾出現突發狀況，某個聽不懂英文的孩子誤將氟膠吞下導致腸胃不適，表情痛苦地蹲在地上，更讓我們手忙腳亂了。

其實，這些牙診都不會痛，例如窩溝封填，先清理蛀入未深的牙齒，再填上保護性樹脂，以減緩牙齒蛀蝕；或者塗氟，將草莓口味的氟膠塗滿牙齒，並要求小孩們不可吞下或吐出，數到一百以後吐掉，保固便完成了。唯一稍稍會痛的是拔牙，醫師注射麻醉過後，拿起拔牙器械，箝住壞牙，施點巧勁轉個幾圈，壞牙便應聲而起，老實說，孩子們害怕的情緒遠大於疼痛，我們這幾個助理要做的，除了遞器械以外，便是努力地哄著孩子們，博取信任。

幾天下來，義診人數九百多人，氟膠、Sealant用到都見底了，才勉強看完所有學童和居民。除了看診，我們也盡力衛教，希望能傳遞一些正確的保健常識，告訴孩子們平時保健的重要性，沒有牙刷，漱漱口也好③。

那一天義診結束以後，在國小的空地上，孩子圍著我們要教中文字，我們問他英文名字是什麼，可以幫他翻譯，小男生珍惜地拿出一張摺了又摺、皺皺的紙和一支筆，細心地寫上kindom，我們立刻寫上「王國」，他學著中文發音，很滿足地一遍又一遍唸著「王國」。

小男生把紙摺好，收進口袋裡，他彎下腰，很鄭重地說了聲「Thank you」。

勇者的真誠

你記不記得某次出隊過後，當你坐上回程的交通，腦袋裡不知道為什麼，開始停不下來地回想起幾天來的點點滴滴。當你閉上眼深深吸氣，記憶便會從盈滿香氣的小罐子裡滿溢出來，每一段故事都會引領著你去思考，服務這麼做好嗎？為什麼這個問題遲遲無法解決？還有什麼更好的辦法？

你開始回過頭檢視自己身處的這個社會，它可能不是那麼正確的，很多你早已習以為常的，其實卻是弊病叢生。當你把服務當地的「另一個」社會樣貌，與你的社會兩相對照，你發現有些事情並不公正，社會正義是傾斜的。

服務讓我們重新認識了這個社會。例如教育，如果教育是翻轉貧富的關鍵方法之一，那麼眼下的制度足以提供都市、偏鄉孩子公平競爭的機會嗎？有沒有能突破時間、空間限制，能適才適性的新式教育方法，以取代現行的「古典」教育呢？教育為這個社會拉起了一條起跑線，城鄉差距卻讓它歪斜極了。

例如醫療，現存的資源落差要靠誰來彌補？靠熱血的白袍醫師、任政府調配的公費生，或者輪班支援一、兩個月的公職人員？如果醫療制度沒有改善，環境不友善、人才繼續出走，新的制度卻還廉價地兜售早已捉襟見肘的醫療資源，那麼僅僅靠著補助和強硬的輪調，又能維持假象的充裕多久呢？

我們認識了許多飄洋過海的女兒（事實上，這些陪伴著爺爺奶奶的看護們，與長輩相處的時間比親生兒女都更長）以及母親、移工們，也看見當臺灣社會正急切地找尋新一代的歷史定位時，這些東南亞的朋友們，早已悄悄地為臺灣掀開一張截然不同的文化面貌。

我們更看見了許多默默為環境、為政策投入心力的勇者；上一代快速工業化發展的遺害，正由他們一步一步地收拾、清理著，山林、溪谷乃至於空氣、食安的坑坑疤疤，都出現了願意挺身為其彌補的人們，他們正堅定地守護著。

我們開始將「社會正義」放在心上，也看見了這塊土地，她的美，她的傷。服務過後，現在的你，正努力地實現什麼嗎？或者也像大多數人一樣，先「暫時」擱置了？

服務過後，回想起那幾天，你會不會也很捨不得那個服務時候的自己呢？因為你表現出來是很單純的真實模樣，你付出所有的關心，很努力地為對方好，卻從不計較回報。可是一回到「現實」，你卻無可奈何地要藏住這份真心，為什麼？是什麼原因讓你不敢隨便關心別人、對別人付出，什麼原因讓你忘記了真誠？

因為史瓦濟蘭醫療隊，讓我們認識了一群無私的人們，他們因為政府的外交計畫來到這個陌生的國家，有的原先是醫院的權威醫師，有的正準備開始享受退休生活，有的正值青春年華，有的早已髮鬢斑白，令我們訝異的是，有人的確滿懷抱負，努力地為當地引進各式資源，卻也有人帶著分享、交流、比較輕鬆的心情前來，他們並不急著做些什麼，僅只是每日認認真真地看診、教學，像把史瓦濟蘭當作第二個家一樣，從從容容地生活。

這讓我們想到歷史課本裡常讀到的馬偕、甘為霖、馬雅各牧師的故事，他們同樣是被教會派駐臺灣宣教，便再也捨不得離開臺灣，直到終老。這些長駐當地已六、七年的醫師們，與這些臺灣有幸遇見的牧師們，除了愛與人道精神，是不是也有其他令他們無法割捨的原因？

這個原因，也許與許多願意百忙中抽空，一再支持澎湖醫療隊的醫護學長姐心裡所想的相同。這個原因，也許正是為什麼服務總能讓我們那麼感動。

有一次澎湖義診完後聽學長分享，他說：「出去工作太久了，好像漸漸忘了醫者的初心，很單純地想治好這個病人，時時刻刻都擔心著他好點沒、還痛不痛。久了以後，像被『交易』這層關係綁住了，因為病人是付錢給你的，我們只是提供『醫療』這項服務的人員，醫得不好還要被客戶罵、被告，慢慢地你就忘了當醫師的熱情，和單純想為病者好的那顆心。」

我們聽了很衝擊，學長繼續說：

「醫療隊有一種魔力，去除了交易關係，當你發現你不是因為他帶張健保卡來而為他看病，關係就變得很簡單，你為他看病、關心他，他笑了笑，說句醫生謝謝，你是真的很關心他，他也是真的很感謝你，彼此的心靠得很近，每一個互動都是發自內心，很真實的。」

偏鄉服務、海外服務都讓我們有機會認識原來生活圈以外的人，彼此建立關係，海外服務感受卻比較深，一是因為社會型態相異程度更大，二是海外服務朝夕相處時間長，更能掏空自己、融入當地，因此感受到的關係往往比偏鄉服務更深刻。

也因為如此，我們更清楚感覺到學長說的「魔力」。

關係是很微妙的，不僅利益會蒙蔽單純的關係，情感也會。就像我們總能在家訪時對爺爺奶奶付出十成十的關心，幫他們按摩搥背、拍拍肩膀提醒他們怎麼照顧身體健康，但當要面對自己的親爺爺奶奶、父母親時，我們卻一下子變得很侷促，看到他們抽菸喝酒、大魚大肉不好，我們卻裹足不前，難以開口勸導。

我們之間當然沒有利益，但是情感卻牽絆住我們。想像若你有了孩子，你一方面希望他高人一等每天逼他讀書，心裡卻怕他因此不快樂；他摔倒了，你心疼著怕他受傷，另一方面又怕太保護他，只好大喊一聲：「摔倒了自己爬起來，要長大了。」

家人、親戚到朋友、同事、陌生人間的關心都令我們考慮再三，你的單純可能被解讀為有目的、刻意的。但事實是我們都渴望他人的關心，也樂於付出關心，我們很在乎彼此，打從心裡希望對方好，只是這份在乎被包藏起來，我們甚至忘記了該如何表達。

服務隊的魔力是，它讓我們有歸零的機會。生命的本質裡有一塊是很柔軟、很善感的，平時卻被外在複雜的關係和難解的人情包覆住了，我們只好表現出

很彆扭的關心，和刻意不在乎的樣子。但是服務的時候，用不著考慮太多，分享是我們唯一要做的事，上一秒彼此還是陌生人，下一秒卻可以像久別重逢，只要我們帶來的關心對方感受到了，對方也會很樂於分享他的關心。

所以我們很認真地和孩子打勾勾，互相約定彼此都要努力加油，在太陽晒得臉頰發燙的午後；我們一屁股坐進爺爺家的沙發，興致盎然地聽他說起當年，時鐘滴答答地像慢了好幾年。我們正在為彼此建立起一種很單純的關係，好像兩個生命退回到最真實的面貌，彼此素面相對。其中一人問：「你好嗎？」另一個人點點頭，微笑著回答：「謝謝，我很好。」

這是服務令人著迷的一面，它讓我們遇見最真誠的自己。

服務的路上，有一群堅持心中重要的價值並努力實踐的勇者，勇者就是，面對困難的時候會害怕，想逃跑，全身發著抖。他們有一顆浪漫的心，愛作夢、也愛幻想，想笑的時候大聲地笑，難過的時候隨時會掉下眼淚。

勇者很脆弱，一點也不勇敢。但是，勇者有一個祕密武器。叫作「真誠」。

訪談——王南淵〈指導老師〉

■問　學長當初為什麼加入服務隊（北醫康輔）？

■王　很簡單啊，小學參加營隊被大學生帶，老實說，他們不見得有教我們什麼，那幾天陪我們玩而已，可是會很崇拜他們，大哥哥大姐姐什麼都會，自己也很想要變得跟他們一樣，也要把這份感動傳下去。

■問　服務過程中，心境有任何轉變嗎？

■王　大一沒什麼多想，拼命表現，到大二幹部以後，開始思考該怎麼把經驗傳承給學弟妹，技藝也好，對事的想法也是，要把自己會的傳下去。大三當團長，更努力思考該怎麼營造一個好的舞臺給幹部發揮，學著把光芒收起來，也學著把服務隊做得更出色、被更多人認同。我拼命接活動，要藉此訓練幹部和學弟妹，能力越磨就會越強，領頭的時候，當然希望整個團隊、幹部、學弟妹都可以很強。

■問　以前的楓杏單純只辦學校的醫學營隊，現在不一樣的是多了醫療義診隊，在學長心裡，醫療隊成立以前和以後的服務志工有什麼改變嗎？

■王　楓杏早期很難留住人，因為營隊帶久了，會不知道為何而戰，變得像機器人，比較不會去思考創新、改革。後來先是社團成立，向心力增強很多，人開始留得住，服務隊再成立，楓杏整個社團的文化和定位更確立了，服務志工對社團認同感加深，人當然也越來越多。更重要的是，服務隊的核心價值很明確，自然會吸引一群認同這個價值的學生由衷地投入，自動自發地為服務隊、為當地多做些什麼。

問 以前當隊長，現在是指導老師，這兩個角色思考的事情最大的不同是什麼？

王 這問題有兩個層面，第一，學生時想做什麼就做什麼，想衛教洗手觀念，我們就編個洗手歌、帶動跳；當老師以後，會先去了解當地，從對方角度思考，當地需要嗎？方案好執行嗎？好複製嗎？如何能延續影響性？第二也會開始為學生想，服務過後可以學到什麼？服務隊是一個很好的平臺和教育方法，讓學生面對自己的不足，也面對社會。一開始從頭挫折到尾，接著才會更謙虛，會強迫自己成長。如果沒有走過，沒有上過場，怎麼會有機會看清楚自己？

問 服務隊可以讓服務志工學習什麼？

王 有個學妹讓我印象很深，她很早就離開楓杏了，大一退團，醫療隊她才又回來當醫護人員，出隊以後她跟我講以前不懂服務，出醫療隊以後，才知道服務可以做到很多事。她後來每年都回來，很死心塌地。對我來說，這是很大的成就感，因為我們在學生身上看到很大的轉變，對服務的看法、甚至對醫療工作的想法完全不一樣了。所以有人說，醫師常會低估病患的痛苦，因為他無法感覺到。服務隊讓我們和居民、病患並肩坐在一起，從聊天開始、觀察他們的表情、肢體、話語，不是坐在診間問問題、開藥而已，這讓我們減少自我中心的思考、更靠近被服務者。要是不懂得傾聽病者的需求，就會變成專業傲慢的醫護人員。

服務紀實——祁力行〈史瓦濟蘭醫療服務隊隨隊牙醫師〉

於二〇〇九～二〇一〇年間，北醫派遣力行至史瓦濟蘭醫療團，在杜團長領導之下，成為史國唯一的口腔顎面外科醫師。

在任內執行一百例的頭頸部手術，包括顏面骨折、脣癌、顎骨內囊腫、顳顎關節病變，門診則進行一般拔牙手術。因人力、資源不足，病患在全身麻醉中，我們得身兼主刀醫師及麻醉師助手，才能確保患者安全甦醒。感謝臺灣進步的醫學教育，讓我們遠赴非洲時，能有獨當一面的能力。在擴展眼界與心胸之後，因為非洲的資源不均，讓我們更加珍惜臺灣現有的成就，進一步回來擁抱自己的同胞，心中充滿著幸福與感謝。

二〇一四年寒假，力行有機會返回史國，也更感受到他們的潛在實力，也許是基於民族的自尊心，外國人好心想要「指導」史國民眾，學習一項新的規距，新的手術方法、贈送一件新的儀器，一開始都不會很順利，原先以為史國人民不喜歡這些。後來發現，其實只要我們身體力行，時間夠長而成效顯現出來時，是優點或缺點史國人會清楚看在眼裡，相信了我們的用心之後，他們便會開始主動學習，進而認真地執行。可貴的是，新的制度會一代一代地傳承下去。他們能夠運用智慧擇善而固執，並且能夠守成，這應該就是史國穩定進步的動力，非常適合在資源分配不均的國度裡，推行任重而道遠。

例證一

承自大英國協的律法。史國人民是個守法的民族。以交通規則來說，見到 STOP 號誌駕駛員一定遵守，支線車輛會停止在線前，左右看過三秒後，確認幹道無車再起步。高速公路巡航時靠外側行駛，超車時才會進入內側車道，通過後立即回到外側，不會霸占道路。在南部非洲國家開車是很愉悅且安全的，因為人人都會遵守交通規則。因為路況不熟，有一次不小心開進了單行道，只聽見兩旁駕駛員以及路邊的行人們，紛紛聯手指責我，一定要我倒車退出單行道才肯罷休。

例證二

手術中的病患安全。在史京醫院，這棟英國人設計的百年醫院，如同他們傳授的無菌技術一般，一代一代地傳承至今，大型「之」字型斜坡走廊可以推床至三樓，不必擔心電梯停

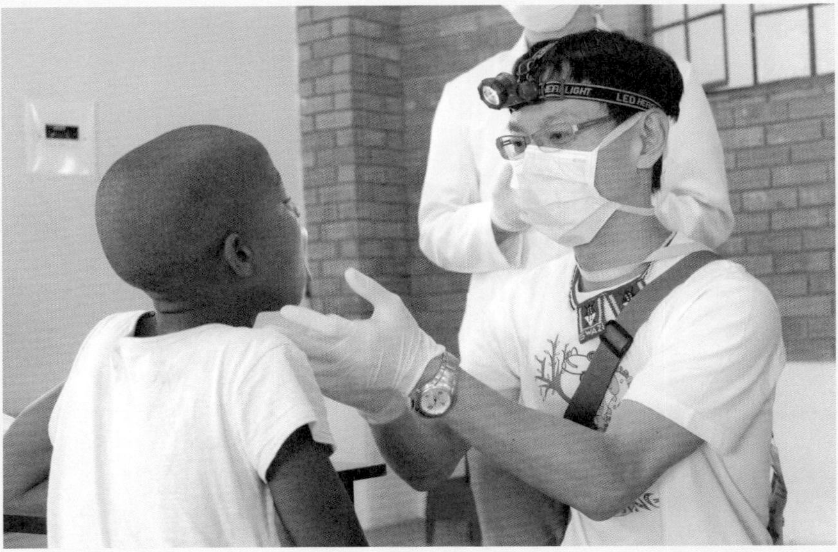

電。因為病患安全的考量，如今他們也學到臺灣必備的 time out 動作，應是醫療團護理長教他們的，後來也成為南部非洲醫院的評鑑項目之一，事過二、三年，麻醉科醫師依舊自動自發地執行這項流程。他會等到病患、醫師們、助手、刷手及流動護士全部到齊後，仔細地向病患介紹房間內全部成員的姓名，才開始上麻醉。準備工作完成後，正當我要開始手術時，動作還得先暫停，麻醉科醫師會逐一唸出患者在儀器上顯示的生命讀數，並確認器械、電鑽、電燒機各項儀器已開機且正常運作，才會放手讓我下刀，讓我能專心開刀，不必再跑龍套兼任麻醉助手。二〇一〇年時的工作夥伴，Dr. Ntokozo Dube 已被派去南非坦尚尼亞進修口腔顎面外科，待他歸國之後，我們還有機會藉遠距會診來幫助他開刀。

例證三

西南部的 Gege 小城裡，在二〇一〇國合會推動的小學水井計畫，已在這所天主教會小學看見成果，深達終年有水的地下水脈，學校不必再擔心夏季存下的屋頂雨水，於乾季時會不敷使用。原本在寫計畫書時，擔心電動水井維修不易，學校亦可能會繳不起電費，可是校方堅持不接受我們推薦的手動水井，後來只好追加預算完工。二〇一四年這口井運轉如常，臺灣技術團隊建立的電力網供應良好。希望這些水井能延壽多年，臺灣在此推行多年的抗寄生蟲計畫，得有乾淨的水源配合殺蟲藥，才會展現良好的成效，讓孩童們能健康長大。

在地廣人稀的土地上，GSM 無線通信技術覆蓋率機乎已達百分之百，近年來史國電信

Swazi MTN 亦進步至 3G 網路，Airtime（預付 SIM 卡的儲值）的購買和分享非常方便，城市中的 ADSL（屬有線寬頻網路）速度亦有進步，價格日漸親民。有著這些基礎建設的鼓舞，進一步的協助更能規劃成功。

計畫一

史國的 HIV 患者數量不低，百分之八十的結核病患者亦受到 HIV 感染，抗結核藥物須連續服用長達六個月以上，卻常因藥物副作用太大使病患逃避，造成「多重抗藥性結核病」。重症患者會被轉送至位在 Manzini（中部大城）的結核病專責醫院。這裡的醫師和護士們十分忙碌，因病歷、處方及檢驗單均以紙本填寫，傳送時可能會遺失。但患者的病情，必須依靠三項檢驗來判定，才能接受適當的治療，包括 TB 菌的 PCR 基因定序、痰液的染色抹片，以及 TB 菌培養。第三項必須外送至國家檢驗中心。二院相距約三十公里，機車快遞手會等檢體累積至某個數量，才會一次送出。八週後報告紙本產出，等待下一班快遞手抵達後，將報告送回專責醫院。跨院的文件傳送很可能遺失。因此醫療團於二〇一一年替國家檢驗中心設計了 LabPush 簡訊系統，套用在專責醫院的紙本報告傳送，以期落實結核病患者治療的時效。

計畫二

醫療團神經內科醫師，近一年來於癲癇門診中，發現許多小兒罹患此疾，其原因可能是寄生蟲感染、HIV感染，然最可能的原因是嬰兒出生時，產程不順利，因為在村落中助產士的訓練不足，嬰兒腦部缺氧會造成永久的後遺症。史京醫院配備有電腦斷層及腦電波儀，醫療團的 SwaziEMR v1.0 亦忠實地紀錄著小兒們的病情，抗癲癇藥物多半會有些幫助。日後若成功推行 Sana Mobile，配合當地的助產士教育訓練，藉由科技和網路力量，拉近醫院與村落的距離，以期減少這一類的遺憾。另外，FTM公司的門診中心、ACC的學童老師，亦可藉由 Sana Mobile 當做遠距會診的工具，向史京醫院的醫師群取得後盾及支援。

以上觀察及心得建議，鑑於對預防醫學成效的肯定與經驗，希望有更多的資源與創意，亦能照顧到臺灣自己的偏鄉及離島民眾。個人認為，在有些情況下，不論是對臺東或史瓦濟蘭的病人而言，臺北都是一樣地遙遠。

① 以立國際服務，二〇一〇年一月在臺灣成立，是臺灣最早成立的社會企業之一。透過創新「接力賽式」的國際志工模式，推動臺灣熱血青年到海外服務弱勢社群，探討國際議題，體驗異國文化與創造改變。

② ACC（Amitofo Care Centre）阿彌陀佛關懷中心是由臺灣人創辦的國際非政府組織，也是非洲第一座佛教孤兒院，二〇〇四年由慧禮法師創立，於馬拉威、史瓦濟蘭等非洲國家協助興學建校、助養孤兒、糧食救濟、職能培訓等。

③ 史瓦濟蘭的氣候條件有非洲小瑞士之稱，水資源相對充足。

06

反思之後

現在，輪到你分享了

「請用三十秒定義服務學習的精神。」全國社評的評審問。

「透過傾聽、觀察當地需求，並與其溝通，合作計劃出最適合的方案，嗯——服務過後必須回顧此次經驗，反思服務的價值與意義，以探索自我成長且提出方案的改善……。」

「好，來介紹你們最有代表性的活動。」

「這個，」資料夾翻開，「一年一度的澎湖醫療隊，今年成立第四年，服務從原本的四村到今年去了近二十個村，也到離島望安、將軍嶼做義診及家訪服務，老師您看，這是今年度與往年不同的檢討與創新，在義診方面……。」

「好，你們有反思、檢討的紀錄嗎？」評審頭也不抬，繼續一頁頁地翻看資料。

「在這裡，每天義診結束都會跟醫護人員開個檢討會，另外，這是我們出隊以後的反思日誌。」

「有什麼當地民眾的回饋以及彼此互惠的過程嗎？」

「互惠，嗯……。」

社評的時候，認識了許多服務路上的夥伴，大夥們講起服務總能說到眼神發亮。近幾年在大專院校服務學習的推動下，各校服務隊百花齊放，不僅國內偏鄉服務如課輔、

義診、童軍體驗、文化保存、藝術駐村、環境保育、流浪動物照顧等服務越做越完整，往泰北、柬埔寨、中國、非洲等地服務的國際志工隊也在非營利組織的居中牽線下，架起許多服務交流的橋樑。

我們很清楚，服務其實不用比較，行至偏鄉、海外，或者坐在機構、社區小學裡陪著孩子玩活動、上課，都是最好的服務。評鑑的結果或許有高下之分，但在服務這條路上，每一顆熱切的心都值得肯定，每一次出發，都是看到了一處難題，並想方設法地解決、改變它。因為良性循環需要開頭，只要有一群人願意不畏辛苦地挺起身，擔起啟動子的角色，便能啟動如DNA複製的連鎖反應，一場影響範圍巨大的改變。區域和平志工團主題曲是這麼唱：「哪裡有困難，哪裡就是我們的方向。」

儘管評鑑的事前準備很繁瑣，卻也是重要的回顧過程，而且別具意義。利用這段時間，拼湊一段一段的故事，思考每個活動的好壞與利弊，再綜合一起比較，哪個完整、哪個缺漏了細節。實務面檢討了方案設計，回顧則看見了自我與各種各樣的懷疑，一路往回走，過程有不安與衝撞，也有快樂、難忘的。

服務隊很熟悉這個場景：活動結束以後，隊員們圍成一圈開場檢討分享會，先檢討活動是否有缺失，再藉著分享，讓所有人能說出這次活動的心得與感謝，可能「膚淺」地講起活動裡和誰吵架又和好了，可能是很「深沉」地思考著服務的正義與價值，有人深刻反思，有人真心感謝。

評鑑時，我們回顧，總複習一樣地回顧，仔細又全面地，像一場自己對著鏡子的分享會，想起了好多事，又哭得一把鼻涕一把淚，「夥伴們謝謝，我還記得⋯⋯。」

一開始什麼也不懂，穿著件服務的衣服，玩著團康活動，和新朋友互稱夥伴，一起上社課、開會、服務志工培訓營、坐在深夜的社辦裡寫教案、做道具，我們想的很簡單，熬著夜就是熱血，站上臺賣力表演便是青春了。

開始的思考根本稱不上思考，就是些青少年該有的煩惱，我們先會被人際困住，因為團隊一起做事和交朋友是天差地遠的，得花上好一段時間，才有辦法磨合彼此的共事方式。每個人的付出有所差距，回饋也總是不太公平。有人同時參加兩、三個活動，練完這齣戲，還得要練別支舞，也能處理得周全；有人投注所有時間，卻可能用錯力，不見得會被認可。

「不公平。」

「竟然要跟他合作！」

「夥伴不就是該互相信任嗎？」

「這群人也太沒有向心力了。」

「找不到歸屬感，還要繼續待下去嗎……。」

「辦活動嘛，開心就好。」

接著，我們開始尋找自我價值的定位。要是努力過了，卻得不到認同，耗費長時間的心力只換得嗡嗡作響的批評，總讓人很沮喪，當我們不知道自己是否被團隊需要，這顆小小的螺絲，鎖不鎖上有沒有關係？小至團隊，大至社會，若是無法確認自我價值，付出便沒有真實跳動的脈搏，堅持沒有動力，目標也看不見清晰的方向。

「我很沒有自信，恐怕會做不好。」

「天啊，把事情搞砸了。」

「沒有我反而比較好吧。」

「毫無成就感的努力，到底為了什麼？」

「把自己搞這麼累有什麼意義？」

一直到找到了團隊裡自己的一方位置，自我價值才會讓我們更心甘情願地付出，並引導我們運用專業思考問題。團隊的意思是，一群很有默契的夥伴。辦活動久了，我們將信任全權交付彼此，只要大夥聚在一起，遇到的難題總有辦法解決。在這群人面前，可以沒有包袱地做自己，偶爾的壞脾氣、無助和低潮，都有人會理解，會包容，我們珍惜，更依賴這份得來不易的革命情感，為擁有身旁這群夥伴感到驕傲。

然後，我們會一起面向服務的議題思考：「怎麼做，才是有意義的服務學習？」

對當地而言，服務學習是相互溝通、增能；對服務隊而言，是不間斷地傳承與創新；對服務志工而言，則是自我檢討與成長，總括來說，學生、學校、服務當地（或服務機構）三者間的互助、交流都是服務學習不可或缺的環節。

想像這三者平衡地放在一個圓，其間力量一來一往地流動，學生得校方之力，承師長的經驗與思考，計劃並實行方案。

學生為當地帶來資源及解決之道，當地也回饋學生最貼近社會的思考與經驗。在這之中，學生更成為學校教育與當地的連結。因為服務學習，學生從被動的受教者反身成為主動的學習與創造者，更因此建立學校與當地的聯繫，無形中拉近了社會與定義為「弱勢族群」的距離。

圓心還有一個支撐的力量，不是熱血、青春，也不是正義或教育，這一點的力量，叫作「反思」。若沒有反思，服務也難以成圓，而只是單向、一廂情願的投入，做得好、做得不好沒有人在乎，報告交了沒、時數證明拿到了才是重點。

懷疑，然後反思，這才是服務學習的精神。有了雙向、設身處地的思考，服務才是轉動的、能思考、創造的，事實上，儘管是少年的無聊煩惱，或者對服務精闢的反思，都是服務學習要教給我們的。反思讓我們成長，學會反芻經驗、思考其內涵，我們觀察、傾聽再對照自己的服務經歷以做出最適合的計畫。

反思，也讓我們佇足。

最美好的時刻是那些大夥聚在一起的分享會，一點一滴，每個人靜靜地傾訴，剖開心思，輕輕地說一段給自己的話，有時不好意思地低下頭笑了出來，有時眼淚竟掉了下來，說完了，心滿意足地鬆一口氣，我們會告訴自己，下一次會做得更好，明天要笑著醒來。

慎思以明辨

「以前沒有人講服務學習的，那是近幾年由政府提倡，才一步步地進入高等教育體系，開始有相關課程、方案，設立服務學分的制度。」北醫課指組組長玉琪姐說。

「哦？」

「沒有學分，服務隊一樣很盛行啊。我念大學的時候，救國團正風行，好多大學生都很瘋的，整個寒暑假天天帶營隊、辦活動也不怕累。」

「那時候也不會去想『服務』吧？」

「想都沒想過，那時候辦學校營隊、交流團、參訪團，四面八方不同學校的大學生聚在一起帶活動，只覺得好玩、有挑戰，卻不會特別去想服務這件事。不過服務隊做的，以前也沒比較少，觀念不一樣就是了。以前是『救國團』，參加這些強健體魄、有益身心的自強活動，目的是青年要為國家服務。現在叫『服務學習』，服務變成教育的一環，從準備開始，接著服務、反思、慶賀，每個步驟都結構分明，做得好不好還可以打分數的。」

「這樣比較好嗎？」

「有好有壞，現在淡江推服務學習零學分，就知道大家慢慢希望服務拉到更高的層次，它的確是很有意義的經驗教育，但是當服務需要被打分數，需要蒐集時數，它就只是一堂課。教育體系的設計上它是課程之一，但是你要想的是，服務學習是一扇門，你從學校這一頭推開，踏出去，連結的就是社會。你是走進社會要解決問題的。有些學生不全是發自內心地參與，有些只為了服務而服務。但不可否認地，不論學生是否出於自願，服務學習都提供了很好的實務經驗，學習面對社會並提升思考問題的能力。」

「被強迫去服務的，會不會有反效果？」

「小時候背九九乘法也是被強迫的，等你學好了，能用得行雲流水了，你回過頭便知道為什麼要背。服務學習的本質是經驗教育，透過這個教育方式，是讓學生學習的，一開始也許是為了學分去服務，慢慢地，當服務學習的核心——社會正義內化成思考的標準，做的事皆有所本，這個教育就成功了。」玉琪姐說。

「慎思以明辨。」《中庸》裡所述為學的方法，對應服務學習的歷程，更顯學思並重的重要性。服務與學習的連結是一個迴圈，先設定好具體的學習目標，計劃並執行服務方案，透過服務的實務經驗，從中反思以確立新的目標，接著，再計劃新的服務方案以實行。

重新翻看日記，才驚覺我們就在這迴圈裡繞了又繞，觀念、想法也因此變得更成熟，也更深入。大一的日記是這麼寫的：

穿上隊服，帶好名牌，迎接我們的是整間教室裡四十多個孩子的笑容，熱情地喊著我們的名字，每一個隊輔都是孩子的大玩偶，白弟、Panda、邱邱、大融……又高又壯的大宇是值星，披上值星帶整理好嚴肅的表情，原本想藉此管好孩子們的秩序，沒想到一走出去就破了功，他們根本不怕大宇的威嚴，一樣把他當大樹一樣爬上爬下，值星這玩意在孩子的世界裡根本不管用，因為在這裡，唯一有用的就是和孩子們打成一片，用心溝通，在玩鬧中了解每個孩子的個性，在遊戲裡聽懂他們想說的話……。

誰是最不乖的小孩，懲罰就要被大融姐姐親一下；大鍋子裡飄出香香暖暖的白煙，這個下午最好喝的點心是鮮奶麥片；我們是鐵人，OK教練和一群小孩們奔跑在熱烈的陽光下，晒得臉頰紅通通的。記憶裡，夜晚的澎湖很迷人，我們一起坐在國小的階梯上，對著沉沉的黑夜，邊練習晚會主持人邊大聲笑著，最後竟然成功演出了臺語版的晚會劇場，操著不太輪轉的臺語，逗得臺下的孩子們哈哈大笑……。

我們好像真的能為偏鄉的孩子們做些什麼，原來學長姐口中的服務，意思是改變。

「楓杏九九，感情久久，天長地久，永垂不朽。」面向澎湖的海洋，十四隻手高高舉起，撐起了屬於我們十九歲的天空。

大三的角色不一樣了，從隊員當到幹部，日記也寫得心事重重的：

紅羅罩，臺語是「阿娜答」，第三年，一遇見你便感覺如老友重逢。也許看見的、感受的也不如第一年深刻，但卻充滿懷念，抱著一臺相機，先跑到好久不見的小學，那裡有香甜的扶桑花蜜、大象溜滑梯和幾個小小的忘年之交；再晃到義診站，拿著病歷單與爺爺奶奶聊聊天、做身體檢查，拿著醫療器材向他們講解衛教知識；走進家戶中，進入一段快樂、憂愁的故事，當我們直直望向爺爺奶奶的雙眼，距離一下變得好近好近。這一刻，突然驚覺自己已經有那麼點能力足以影響別人，甚至是爺爺奶奶，身上像多了份沉甸甸的責任，提醒著要更努力增進專業知識，當一位值得信賴的醫護人員……。

回程的路途漫漫，經過了這些忙得無法喘息的日子，終於有時間好好感受過程中的點滴。

七月最後，幹部們每天準時叫醒彼此到會議室報到，這一群人心連心，如初生之犢地衝撞，像電影情節裡一群摯友努力地追逐夢想，過程笑淚交織、爭吵懷疑，痛苦地想放棄一切，卻又緊抓著不放……我們終究一起走到最後。

服務近千人次，服務志工人數一百位，我們足以挺起胸揚起嘴角給自己一個真心肯定，也足以分享故事影響更多熱血投入服務，但請一定記得，因為「服務」這件事，我們占用了無以數計的愛心，我們麻煩了四、五十位當地村長、

幹事、理事長，還有學校校長、主任。每一個幫助我們的人都像身後教導我們的老師，後來想想，服務在做出改變以前，我們才是最大的學習與受惠者，這近千位的長輩、居民和孩子們，都是我們的老師，用他們的故事與時間，教會了我們何謂服務。

謝謝澎湖你的照顧，謝謝夥伴你們的相伴與包容。願與你、與你們能一直這麼要好。

這些反思、辨明的迴圈，我們多半是邊走邊學，嘗試、錯誤以後才往更好靠近一些。後來重讀服務學習的教材①，我們在想，若一開始就能把這些思考放在心上，服務時將會更有把握，因為我們會知道：這些不安，都只是過程。

以時間軸劃分，分為服務的前中後三階段。服務前，應正視自己對服務當地、機構、被服務者的刻板印象，也要正視自己的能力與觀點，若你感到害怕、挫折、不安都應該記錄下來。你對這次的服務有什麼期待？是否擔心自己能力不足？夥伴之間是否合作順利，抑或有衝突？在你心裡，所謂弱勢、偏鄉、貧困、非主流是什麼面貌？

服務中，要試著覺察自己的情緒與經驗，遇到無法想像的問題、挑戰，短時間反應內你用了什麼方法？原先的觀點是否被顛覆？新的經驗如何改變了你？

服務後，透過團體分享或自我整理，有六個面向的議題可供思考。

事件——過程中發生的具體事件，你所經歷的問題、你對問題的反應、其他人對你的服務經驗有何反應？

自我——你的技術、能力、在團隊中的角色，你如何尋求方法以增進能力？你的情緒、信念與價值觀，服務是否改變了你的想法，改變是好是壞？

他人（夥伴）——與你一起服務的夥伴與你的信念、價值是否不同？他們的能力、角色又是為何？服務對他們是否有所改變？

服務（被服務者或當地、機構）——他們如何經由你的協助而獲益？他們真的需要幫助嗎？哪一個方案對他們是最有幫助的？當你面對被服務者，哪一種價值是最重要的？

社會議題——什麼政治、經濟或社會情境影響、造就了現在的社會議題？是否有改變的方法呢？如果方案成功，對於被服務者有什麼影響，影響是好是壞？

最後，公民權——好的公民應具備什麼條件？你的服務參與對社會將有什麼影響？若你不參與服務，又會對社會有什麼影響？

若連結到社會正義，則須思考一個公平、公正以分配利益的社會，其多元文化、經濟正義、環境保護、民主參與皆須以平等的方向為依歸。《從服務中學習，跨領域服務：學習理論與實務》中提到，傳統志工服務以慈善為核心，僅只滿足被服務者的需求，卻讓被服務者更依賴別人服務。若服務以社會正義為焦點，須珍惜、開發被服務者自己的能力與資產，一起增能以帶來社會改變。因此，服務學習從準備、服務、反思到慶賀都須雙方一同參與，雙方互為教導者與學習者。

反思之後

反思之後，更清楚認識服務的本質。

多數的我們從服務學習開始認識服務，心目中，服務是要改變社會問題、闡述公平正義的，我們得寫好計畫，從經驗中反思，不斷地修正、改善讓計畫越做越好。服務是一件事，多大多小都需要付出時間和心力才做得好，才是認真有作為的服務。

「在你心目中，什麼是服務？」我們問。

「服務，是一種習慣。是很日常的，不一定要很偉大，是發生在生活中的，你發自內心去幫忙助人，做一件別人不願做卻很重要的事，不計較地做一件很貼心的小事，這就是服務了。」指導老師聖博哥說。

儘管在服務學習的定義裡，服務是連結學生、學校與社會的，若僅是打掃校園、擔任圖書館志工、協助行政作業等等是屬於勞作教育，與服務學習強調的連結性有所差距。不可否認地，這兩種教育模式帶給學生的經驗與成長想必相去甚遠，但僅是學習的深淺與幅度不同，無法抹去兩者服務中同為善的本質。

更重要的是，「服務」的本質應該內化成習慣，很自然而然的。意思是，當你遇見了需要幫忙、需要挺身而出的事，你不用先在腦袋裡轉兩圈，告訴自己現在要行善了再出手，只要路上有陌生人需要你扶一把、穿梭車陣中賣玉蘭花的阿婆敲敲車窗、知名度不高的基金會擺著無人聞問的募款箱、庇護工場的銷售員拿包小餅乾向你鞠躬……你會願意分享自己所擁有的，一份很踏實的溫暖。

當服務是一種習慣，你就會樂於為社會多盡一份心、為弱勢多幫一點忙、為他人多做一點事，這些生活裡的貼心舉動、很微小的改變、熱心的分享，也都只是一件順手的「習慣」而已。

反思之後，更懂得掌握服務隊的能量。

當資源不足，唯一能解決問題的辦法就是創意，如何運用創意思考，將大問題分解、切割，再逐一破解，一點一滴撐起改變的槓桿？這些故事紀錄了其他服務隊夥伴們處理問題時可貴的創意：②

為了讓老化的社區重新動起來，他們與當地高中合作，深度探索當地文化，融合民俗元素與藝術概念，彩繪圍牆、做裝置藝術以美化

社區。除此之外，他們也利用所學如餐旅、設計等專業，結合在地優勢產業，將社區的農產、畜產、傳統工藝做成特色產品，將原本滯銷、沒落的在地風味重新包裝與行銷，不僅再一次帶動該產業的復甦，無形中也讓社區加深凝聚力，讓長輩、居民重新找到生活的重心。

為了讓服務學習的內涵從小扎根，許多熱心的老師們計劃了與眾不同的實作課程，年齡層從國小到高中皆有，他們讓孩子們探索自己、探尋成長的家園，也為這塊土地共盡一分心力。他們動手設計，打造出煥然一新的校園風景；他們跨出膽怯的步伐，趕製布條與海報，走上街大聲地宣揚理念；他們如願成為付出關懷的勇士，儘管是被標籤為「高關懷」的學生，也找到了施力點，

發揮生命的價值；他們仔細地認識家鄉的文化，穿上背心，拿好麥克風，當起社區的代言人；他們年紀還小，卻在正確的教育方法引領下，成就了巨大的影響力。

為了推廣健康與衛生觀念，他們與當地機構溝通，希望在當地有限的資源之中找到能延續的方法，延續的意思是，若服務隊的資源終止，這項改革也能運用在地資源傳承下去，團隊努力地激盪創意思考，終於為當地想出一套簡易替代方案，他們教導當地人操作技術與思考方式，以轉變原本錯誤的衛生觀念，進而降低疾病的發生率。

為了讓社會中的資源得到最大運用，他們廣為募集愛心，並分享給偏鄉、海外等資源弱勢的地區，童書、語言教材、教具、衣服，甚至相機、平板電腦都在募集之列，看似簡單的蒐集、整理、配送卻隱藏了很大的學問，如何增加計畫的曝光度，吸引更多人分享？如何在挪移資源的同時，順勢拉起當地的能量，增能當地以平衡城鄉差距的翹翹板？

服務隊的創意能量，如摸索著黑暗時乍現的一絲微光，順著光的方向前行，黑暗，將不再黑暗。

反思之後，我們要走向服務的下一步。

我們想找到辦法，一面延續服務隊正在做的事，一面計劃商業模式以脫離募款，達成永續運作。目標是社會企業：「做好事又能賺錢，賺了錢再去做好事。」

拼拼湊湊地整理了些想法，多是源自社會企業的學長姐們的經驗之談。

現行國內法律並無社會企業相關法源，不若英美國家已有完整「社會利益公司」的相關立法，若以非營利組織成立，對外卻從事營利事業，則與其公益宗旨不符，往往受到質疑。且在社會對其財務運用的高度關注下，規模難以擴大，薪資不足更難以吸引更多人才投入。

獲利模式該如何設計，社會改變模式又該從何處切入？以服務隊為例，醫療面要為行動不便的長輩、醫療資源不均的鄉鎮找辦法；教育面則須為家中經濟較弱勢與新住民的孩子提高學習動機、改善課後學習環境。最重要的，是如何在偏鄉的經濟環境中獲利，單純考慮其「內需」，或是做「外貿」生意，將「社會影響力極大化，並能自給自足永續發展。」

如何聚集更豐沛的人力資源投入？不以單純做慈善的理念吸引人才，能以「用商業思維做公益」的模式尋找企業經營人才，同時回饋、增能社區。還有，營運機制的設計也是一大重點，初期資金、目標受眾、服務項目、組織治理、損益財務規劃等皆須審慎考慮。

服務的下一步，不論是持續關注服務當地、機構或特定族群的權益，自行創業或加入認同其理念的非營利組織，持續付出、奔走以推動社會改變；或者順應職涯規劃，進入公司、企業工作，也能透過企業內社會責任的經營，為其員工、家庭乃至社會做出貢獻。成就社會改變從來就不只是非營利組織或政府的責任，「企業是樹，社會是土地」，兩者唇齒相依。成就社會、保護環境不應只是企業策略，應作為企業責無旁貸的責任，共尋永續發展之道。

如果你也出過服務隊，並且曾經認真地反思服務的本質，在學習的歷程中，服務扮演了舉足輕重的角色，你以身為一位「服務人」為榮。那麼，請再回過頭審視這一段服務的過程，不論是結構性地思考，或者隨性浪漫地想想當年，都再給自己一些時間，問問自己，現在的你正站在何處？又將要往哪裡去？你的熱情、正義感和對完美的偏執是否如初，雙眼依舊透澈，心志堅定不移？

任未來要你成為什麼，請一定要記得我們服務人的本質，永遠，像孩子一樣。

訪談——莊玉琪〈課外活動指導組組長〉

問　北醫服務隊近幾年發展得越來越好，成果也很豐厚，這是自然而然形成的嗎？還是因為學校持續推動服務學習？

莊　北醫老字號的服務隊有教授、醫師像鍾文政、吳明順、林利香、林杰樑、盧盡良老師在帶，一直以來都做得很好，像是社療、綠十字、南印度等等，早期也沒有人談服務學習，服務隊比較像任務型，哪裡資源缺乏就帶著資源過去幫忙。所以那時候剛到課指組，會看到校內的服務隊的確有成果，但是組織比較散亂，規模也要看當屆學生的參與度，相對於其他學校，北醫的社團風氣和執行能力是比較弱的。我記得第一次看到北醫社研（社團負責人研習營），竟然像平常上課一樣，請幾個老師講一講而已，學生不想聽了，中途翹課就沒回來了。後來課指組跟聖博合作對外募款，開始第一次辦在校外的社研，兩天一夜的時間讓這些社團學生領袖們有機會聚在一起，好好地認識、交流，這是社研很重要的過程，才會激盪出很好的火花。除此之外，課指組開始嚴格要求企劃書、成果報告，重視服務隊授旗典禮、幹部訓練、成果發表會有關傳承的活動。以前出隊就出隊，不一定要寫企劃書的。結果我們越要求學生把細節做好，社團、服務隊風氣反而越蓬勃。我們越重視，學生越知道這些事很重要，要把傳承做好、觀念要正確、帶社團是一件很有意義的事。這樣社團就會越辦越好。

問　擔任課指組長這幾年，妳認為要帶好社團（服務隊）學生，一定要做到的事情是什麼？

莊　教學相長，學生和老師都是同步成長的。帶好學生，就要跟學生談心，花時間去陪伴他們，才會知道每個學生的想法和特質，一方面看見學生很好的創意，一方面協助他們在適合的位置上發揮才能。另外，我們也很重視能陪著學生一起出隊，真正到了當地，抱著睡袋跟學生們一起，計劃行程也好、聊天也好，重要的是能陪著他們一起經驗，更認識這群孩子，才能幫助他們把服務辦好。

問　對你而言，什麼是好的服務？

莊　其實我是不喜歡講好或壞的服務，對我來說，服務無法質化或量化，重要的是這個出隊或做服務的孩子，他抱持的態度。他是不是對自我有期許，很渴望能為被服務

者做些什麼？他心裡會不會有服務的傲慢，把服務想成是多了不起的事？我認為服務是一件成長自己，造就他人的事，應該要抱著既謙卑又期待的學習精神去挑戰它。

問 服務學習對學生有什麼正面的影響？

莊 服務學習帶給學生挫折。從準備、出隊、反思到慶賀，面對的是人際合作、行程安排、危機處理……等等各種難題，正是這些難題會讓學生害怕、沮喪、裹足不前，所有的信心、能力和自以為是全部歸零，得學著耐住脾氣、忍受壓力，在有限時間的高壓環境裡與團隊成員彼此合作、傾聽、尊重多元意見。更重要的，學生對外面對的是社會，不能再小孩子個性了，要很成熟地應對、仔細地觀察，要強迫自己迅速成長，承擔更大的責任。能擔得起挫折的孩子，自然成長得很快，怕的是有些孩子一遇到挫折立刻往後縮，躲進自己的舒適圈裡，佯裝著自信的樣子，這恐怕將來還有更大的挫折要等著他。

① 林勝義著，《服務學習指導手冊》，行政院青年輔導委員會；黃玉總校閱、徐明等人著《從服務中學習，跨領域服務：學習理論與實務》，洪葉文化。

② 林進修、陳幸萱著，《愛在偏鄉蔓延》，天下文化；呂香諄、梁詩綺採訪撰文，《逆光起步走：35個青春正能量》，教育部青年發展署。

07

從辦營隊到教育

從辦營隊到教育

「聖博哥，楓杏到今年第八年，如果往前推到〇二年第一梯營隊，那就快十五年了，從你學生時代創立營隊，到現在成為指導老師，這期間你帶團的理念有什麼轉變嗎？」我們一群人圍在聖博老大旁邊，興致盎然地要聽故事。

「轉變——」聖博哥想了想說：「一開始辦醫學營想法很簡單，就是推廣北醫，讓更多人看見北醫的好，當然連帶地做好營隊課程，就能讓參加的學員可以更了解醫療健康領域。這有兩個好處，一是藉此認識醫療相關科系，有助確立個人志向；二是更熟悉醫療體系，將轉診、衛教觀念培養好，這不僅提升自我的保健能力，無形中也能改善醫病關係。後來我畢業、上班很快又被找回來辦營隊，回來心態就不一樣了。以前學生時候一群好夥伴做事，每天都像玩在一起，大家拼命把營隊做好就好了。回來身分變了，開始想要怎麼傳承、怎麼帶學弟妹，讓這些學生變得能力更好，代表北醫出去會讓外界欣賞的。以前只想著辦好營隊，現在營隊要好，更希望北醫的孩子好，能力、態度在社團裡磨練好了，出社會就能獨當一面。」

「那當年你怎麼會開辦楓杏營隊？這是校內第一個營隊嗎？」

「北醫在我們之前就有醫學營和牙醫營了，那是系學會主辦的營隊，同系的成員組成。最開始校方辦了一梯五天不過夜的營隊，嚴格說只是『醫學體驗班』，學員來就做

實驗、上課，隊輔像工讀生，來幫忙布置、整理環境、印講義、發餐盒的。後來學校找我們接手，辦了〇二年暑假七個梯次的營隊，那才真正是營隊的開始。」

「一開始的營隊形式和現在一樣嗎？」

「課程、活動形式沒太大變化，第一年辦醫學、中醫、生技、急救不同主題的營隊，報名人數就拉到四百人了。其實營隊模式一直以來大同小異，內部組織倒是變了很多。現在的楓杏醫學青年服務團，籌組是在〇四年，那一年和校方理念不合，才開始想獨立辦營隊。」

「那一年報名人數是歷年最低耶，為什麼？」

「因為整個團隊和校方主張不

同不歡而散啊，那年我也剛好畢業，再來入伍，團隊的幹部幾乎都離開了，學校只好重新找人，他們的觀念是找工讀生，開醫學班，我們則希望有完整訓練的隊輔，可以『帶』學員。後來〇六年回來，和學校慢慢溝通、研擬，〇八年成立社團，開始辦自己的迎新、幹訓、社課，開始一期一期把傳承做好，團隊有凝聚力，楓杏才慢慢成為現在很有制度的團隊。」

「說到幹部，一開始營隊的幹部都是你找的嗎？」

「學生會、山服、康輔……主要是學生會的幹部，其他有些服務隊的老人也被我拉進來，人很少、營隊很多，整個暑假馬不停蹄地，每個組就一兩個人，每個人都身兼要職，大家都很拚。楓杏〇六年剛開始也一樣，每一期營隊人手都不夠，服務志工來來去去，累了說走就走了，沒有向心力。好像每年都倉促成軍，學期初只剩幾個零星的幹部，要把食衣住行、課程的事情處理好，還要招生，新加入的服務志工也沒時間認識，到期末考完試，行前訓練短短五、六天，就要把教案、表演全部練到位，很快營期就開

始了。」

「難怪留不住人嘛，忙都忙死了，誰要留下來。」

我們很不敢相信。

「是啊，一開始我們不是社團，沒有凝聚力。辦完營隊大夥就散了，一直到○九年那一屆，成立社團的隔年，辦完營隊幹部願意留下來，那一年楓杏才真正上了軌道。」聖博哥說。

「單只因為登記成立社團，影響力就這麼大了？」

「剛才有提到，迎新、社課、幹訓都在那一年變得更完整，以前即使辦，辦完了就算了。○九年也是楓杏第一屆，文成、咼淵相繼跨刀幫忙，規劃幹部訓練、社團的組別分工、教案活動整個制度化，留下來的幹部做好傳承，很有計畫、紮實地訓練下一代新的服務志工，帶起社團傳承的風氣。這才是團隊越來越強的原因。」

「我懂了，重點在於『傳承』，這才能凝聚社團的信任與認同，團隊向心力才會更好。聖博哥，對你來說，現在最大的挑戰是什麼？」

「一樣吧，還是想把推廣北醫這件事做得更好啊，把這個團隊做好、做大，讓北醫學生有好的舞臺學習和發揮。考得進醫學院的孩子都很聰明，但是有想法不見得做得好，讓孩子們去做，做錯了大不了被我唸，至少在社團的範圍裡是很安全的，可以從經驗裡成長也不至於摔得太重。至於我最苦惱的，應該是這群聰明的小孩，太天馬行空的時候要說服他們，受到挫折、彼此意見不合、不爽就嚷著要退團的時候要鼓勵他們……有時要限制、有時該放手，教這群孩子可真不容易。」聖博哥說。

傳承，是楓杏教我們的第一件事。剛進團的時候，學長姐有諸多限制，好像只希望我們照著做，教案、活動、課程、各組專業如美宣、器材、文書處理，每件事都有一套既定的方法，不要我們多想，跟著做就對了。每個學期的驗收、籌備會議，到了營期晚上的檢討、分享會，活動很多，事情很雜，穩穩地嵌在齒輪裡轉動著。我們亦步亦趨地跟著制度走，脫隊的會有學長姐輔導，真受不了的就請離開。

受不了的人不少，學期初招的人，到了升幹部剩不到四分之一。有趣的是，如果問問這群咬著牙留下的幹部們：「為什麼願意留下？」他們的回答多半是「為了學弟妹」。接著，他們會變成曾經很受不了的學長姐，驗收、檢討、很嚴格地傳承。

新科幹部們自由多了，更大的學長姐、老人們只會給大方向的建議，不會強迫指令，迎新、校內外接案活動到營隊、服務隊，幹部們要從歷屆留下的資料報告中，找到瑕疵、淘汰不適合的制度，再做出創新。當舞臺完整地交到這群幹部們手上，限制變少了，責任卻變得沉重。他們要合作，無私地為團隊付出，各司其職發揮綜效，即使曾有爭吵、互有成見，團隊當前也要放下自己，專心一致地執行。

他們也要做好榜樣，拉拔自己的「孩子」——學弟妹——成長，除了技術與資訊的交接，更重要的，是面對突發狀況的因應能力和種種徬徨、迷惘的解答。當學弟妹憤憤地指控為什麼幹部只要求傳承，不思創新？寒暑期營隊辦了又辦，到底意義何在？到偏鄉出服務隊以後，還能為他們多做些什麼？他們要回過頭，從自己曾經的迷惘中找尋答案，當角度不同、經歷變得豐富，這群學長姐們會在當年的迷惘裡看見清晰的視野，價值變得明朗，行動更有力量。

這些迷惘往往沒有正解，只能找到中庸、粗略的思考，認同的會留下，不認同的就會離開。這也是一種選擇，願意為服務付出的人會心甘情願地留下。服務隊需要的不只是能同樂的朋友，還需要一群相同價值理念的夥伴，才能在服務路上走得更長遠。

那麼，何謂傳承？

對我們來說，傳承是學習的開始，學習不是落入窠臼，是為繼往以開來。當有一天能站到「過去」的肩膀上，有了足夠的高度與視野，才有辦法為團隊做出好的改變。傳承，是為了更有效率的創新。

「為什麼會加入楓杏？」

「因為高中參加過大學營隊，想變得跟那些隊輔們一樣厲害。」

剛開始楓杏受到許多質疑，認為這種要收費的營隊，成天陪孩子們玩大地遊戲、跳營火舞，實在不太「服務」，事實上，營隊辦久了，我們也漸漸迷失其中，感受不到其價值。

一直到以前帶過的小隊員，有的考上北醫、加入楓杏，有的加入其他服務隊，投入偏鄉、海外服務，他們滿心歡喜地傳了訊息告訴我們，當初因為參加了營隊，受到鼓勵，所以決心投入服務。服務讓他們收穫滿載。我們這才清楚看見營隊的價值，它的教育內涵即使不明顯，對被服務者而言，卻是同樣深刻的。當年我們曾被服務感動、觸發了，現在的我們要把這份感動傳承下去，種下更多服務種子，等待其花開而實。

營隊教會我們實踐，醫療隊則帶領我們創造。社團近十年的路上成就了許多故事，很真實地記錄著我們的社團歲月，深夜了窩在社辦裡寫教案、練舞、做道具，開不完的會要開到天荒地老，寫不完的企劃要我們絞盡腦汁，很奇妙的是，即使撐著眼皮累壞了，大夥聚在一起卻什麼疲憊都可以拋開，一個笑話笑一個晚上，一頓永和豆漿就覺得好滿足，還有我們才懂的哏、忘不了的那一把眼淚和更多更多不顧形象的放聲大笑。

服務隊，正是我們無可取代的青春。

打勾勾

「都準備好了嗎？再檢查一次，準備好就要開始囉。」白弟按下對講機通話鈕，低下頭不急不徐地問。

事實上他急得要命。

「等一下，師長還在路上，再五分鐘開始好嗎？」耳機裡傳來急促的請求，在這分秒必爭的當下，他知道活動長一定會皺起眉頭暗罵一聲。

「還沒來啊！」白弟皺起眉頭暗罵一聲，這五分鐘看似很短，但當臺下一百多雙眼睛看向自己的時候，他實在焦慮得不得了。重點是，在按下嘴邊那顆通話按鈕詢問的前一秒，他才定定地看著這一百多雙眼睛說：

「始業式馬上就要開始了，大家準備好用最期待的心情迎接這幾天的營隊了嗎？」尾音拉得很長，讓臺下所有的孩子們都跟著期待了起來。

「準備好了～」一百多張嘴興奮地回答，整齊宏亮像一列小軍隊。

「太棒了，那麼首先，請各位給自己以及在座所有夥伴一個熱情的掌聲。」天哪，他緊張地冒著冷汗。

偏偏老大下了指令，這梯始業式流程有一定的順序，要不然平常遇到這種狀況時，活動長通常會當機立斷調度流程。但按照老大的指令，調度通通不可行，一切必須按流程跑，怪就怪在自己太急躁，早早說了那句話。活動長臉上掛著燦爛的笑容，看著眼前掌聲如雷的小隊員們，腦袋卻像是尖峰時刻關門前一秒的捷運車廂，他感覺千萬個念頭同時在神經元間來回撞擊。

「小默契！」白弟腦中閃過一個好點子。

掌聲落下，他趕緊接著說。「歡迎各位小騎兵來到北醫楓杏醫學營，這幾天我們準備了很多豐富有趣的醫學課程，還有騎士長精心策劃的團隊成長活動，要讓各位在這四天三夜裡都能滿載而歸。」說到這裡，他頓了一頓。

重頭戲來了。

「那麼各位，借給我你們的右手比出六，每個人都要伸出手喔。好，那動動你的小指頭，讓我們把他勾起來。」

「勾起來——」

「勾好了以後呢，我們要來做一個約定囉。相信你們在往後幾天，都願意認真學習醫學知識，也願意敞開心去認識身旁的好朋友，最重要的是，願意全心投入在每一個活動裡，感受隊輔的熱情和活力。你們願意嗎？」

「願意——」竟然有小隊員在偷笑。

「好，那我們要來蓋印章囉，用力地按下大拇指。蓋印章——」他看到後方的美宣長正和隔壁的文書長竊竊私語，後者點頭如搗蒜。他們無奈地說：

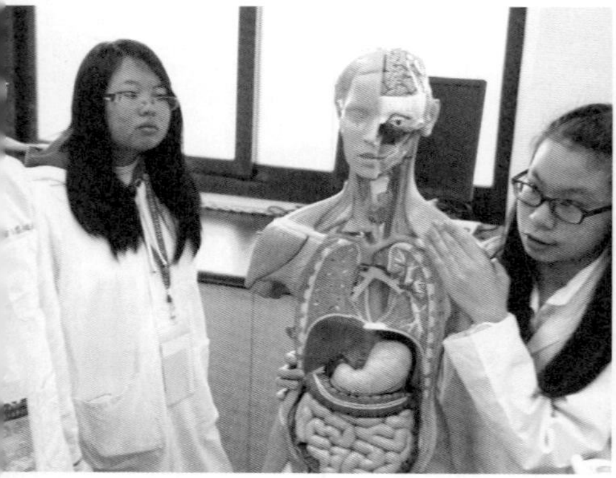

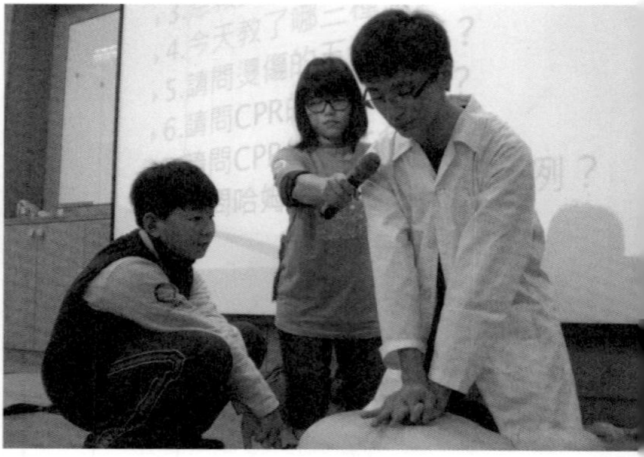

「真的很愛裝可愛耶！」

晚餐前的課程結束，白弟為了再一次確認場地，看看有沒有粗心大意的小孩遺落了東西，他拎著一串鑰匙，認真地四處搜尋遺落物品。

「應該——沒有吧。」很好，關上燈，鎖好門，他快步走向上課教室。「最後一個晚上了，過得好快啊，等等的惜別晚會會不會哭啊……。」

走著走著，他看到前方的隊輔在遠處比手畫腳，嘴巴說著咕嚕咕嚕咕嚕，是在說什麼。

「咦，這是哪家的小孩？」

小孩一臉無辜地走向活動長說：「白弟，我的水瓶不小心忘在剛剛的教室了。你可以帶我回去拿嗎？」

「當然沒問題啊。」他笑說。心裡想著可惡，這個臭小孩，不是提醒了好多次一定要檢查好嗎？

「白弟，你高中的時候參加過營隊嗎？」臭小孩出聲打破了沉默，還問了個好問題。

「參加過啊。」

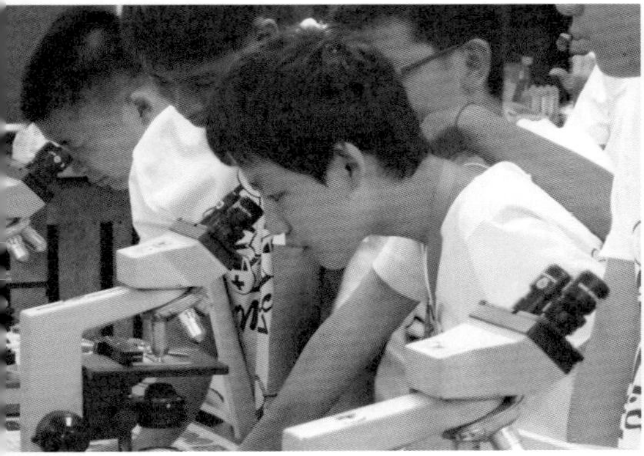

「你也是參加北醫的營隊嗎？」

「不是耶，高中的時候我參加的是陽明大學的營隊。」

「是喔！那陽明的好玩還是北醫的好玩？」小鬼，你這個問題太可愛了吧。如果說北醫的好玩，那幾年前陽明的隊輔們豈不是被遺忘了？如果說陽明的才好玩，那豈不在打自己臉？

「因為角色不一樣，所以沒辦法比較耶。」哈哈，成功閃躲了一題。「當小隊員的感受和當隊輔的是完全不能比的。」

「是喔，那你是因為參加了營隊，才決定要念醫學院嗎？」第二個好問題。

「教室到囉，你去找一下水瓶吧！」趁這時候，白弟仔細地回想當初選填醫學院跟營隊有沒有直接關係。

「找到啦！」小鬼舉著水瓶興奮地跑出來。

「回答你的問題，」他一邊鎖上門，領著小孩往回走，「我想應該是原本就對生物和化學有興趣，所以參加營隊。我當初就沒有參加法律、電機營啊。老實說，我在營隊之前就幾乎確定要考醫學院了，參加營隊只是想更認識這個科系。你呢？」

「我啊，這個暑假我已經參加了第三個營隊了，機械、外語和醫學營。」

「這麼奔波，哪個營隊最好玩啊？」他問。

「各有各的特色囉。」小孩笑出聲，慧黠的眼裡全是笑意。

「那你參加這些性質完全不同的營隊，你以後想念什麼類組呢？」

「還不知道耶，我正在努力地想。」

「很好很好，小小年紀就懂得計劃未來。」教室到了，話還沒說完。白弟站在教室門前，定定地看著小孩說：「你可要用心地想，找到你最有興趣的事情，找到你願意花一輩子認真去做的事。有什麼問題都可以私訊我，我們來打勾勾。」

「Yes, Sir.」小孩伸出手，很用力地蓋了印章。

「我以後想考進陽明，當你們的學弟。」四年前的那個小孩是這麼說的。那天是道別的日子，用心的隊輔為每個人準備了小卡片，在深黃色的燈光下，每個小隊圍成一個圓圈。

七月的夜晚，在陽明大學的操場上，和身邊的好朋友在隊輔精心準備的表演裡笑得樂不可支。他已經忘了後來分享的時候說了什麼，記憶裡片片段段的，無法構成完整的面貌。

他只記得，有一個隊輔綽號是妙麗，每個表演都有他反串，舞臺魅力一流。還有大信，他最愛寫紙條 Cue 他上臺，看他出糗的樣子。「鬼靈精怪」是卡片上大信寫給他的讚美。

小莫姐姐最常陪著他們，吃早餐的時候講海龜湯嚇大家，休息的時候一起玩傻瓜拳和小熊攻擊——他是最後一個知道個中祕密的，他被矇騙了整整五天。當他哀求大家告訴他解答，所有人就會一起用高分貝喊著：「小熊攻擊，搭拉搭拉拉拉滴拉拉——」這個笨遊戲！

結果四年後他也用同樣的招數拐騙無知的小隊員。

四年前的小孩沒有實現他的諾言，他最後考進了北醫。但他實現了一個小小的願望——成為一名隊輔，他認識了一群要好的夥伴，陪著許多正在找尋方向的小孩聊未來、聊夢想，他想帶給這些小孩們感動，希望成為他們在十六、七歲的時光裡，想起來會微笑的一小段記憶。

想到今天放榜，打開臉書，白弟急忙問那一個小孩：「好久沒聯絡啦，學測考得怎麼樣？」

「吼，我要考指考了啦！」

你很酷

很久沒有在帶隊的時候哭了。

第一次開辦的領袖營是一個很特別的營隊，老大找了一批社團老將回鍋帶隊，讓這梯毫無經驗的營隊變得很「有經驗」。營隊請來的是專為企業上激勵、團隊訓練的企業講師群，規劃五天的自我成長課程，讓參加的學員從互動學習、體驗探索、團隊任務、思考反省中激發潛能。

這即使對老將也是一大挑戰，以往的營隊只要顧好學員食衣住行，確保課程和活動流程不出狀況就沒問題，這梯的營隊講師卻告訴我們，所有訓練課程隊輔要全程全心投入，意思是當學員在互動探索，破解任務的時候，我們也要加入其中；當學員認真地反思活動內涵，毫不保留地傾訴內心的衝撞時，我們就坐在圓圈裡面，成為學員的一分子，一起分享感受。

這有種被打回原形的感覺，老將們參與訓練已經是過去式了，升任幹部、當了老人以後，我們早已習慣站在臺前，「看」著學弟妹訓練、反思。這回竟要我們重新坐進圓圈裡，放下所有的定見，再當一次學弟妹。

我們的角色變得很多重，既是這群孩子的引路人，也是一起分享反思的夥伴。我們

先要認識每個孩子，再盡快了解他們的個性和思考模式，才有辦法做好引路人的角色。營隊的面向很廣，從人際關係、能力開發、時間管理到家庭親情都在反思之列，我們像提著燈火，陪著孩子面對自己的內心，膽小不安的、敏感脆弱的，有些時候我們會跟著掉眼淚，孩子們則反過來拍拍我們肩膀，說聲加油。

營隊最後一天，小隊圍著圈唱《為自己驕傲》的時候，所有人都哭了。連這幾日毫不用心參與的小孩也是，他倔強地咬著嘴唇，手因為和身旁的人緊緊勾著讓他不能揉揉眼睛，眼淚就這樣流滿整張臉。

我們很訝異，因為這小孩讓我們頭痛了五天，營隊的每一堂課程都需要團隊合作，才能破解任務，只有他說什麼也不願意融入團體，他酷酷地說，自己是被媽媽逼來的，他可一點不想參加營隊。

「既然都來了，就試著融入大家嘛，你看，這個活動要是少了你，其他人很費力的。」

「喔。」他總是一臉不情願。

第一天大夥還很陌生，也就沒有人多說話，很快地，小隊的學員們越來越熟悉，拋開包袱變得要好，大夥興奮地認識新朋友，也在活動中彼此合作、細細地反思。很快地，孩子們開始受不了他，每當團隊間要競速時，就因為他的不合群，讓小隊失了分。上課的時候他抱著膝蓋坐在隊伍最後，從不認真聽講，下了課每個人認真做筆記，他就拼命滑手機。

第三天的信任體驗，我們按捺不住地對他說了重話。在這個活動中，必須要爬上梯子，手抱胸前、背對地面，完全信任後方夥伴地向後倒，讓十幾個人用全身力量接住你。過程中，若有人掉以輕心或者用玩鬧的態度面對，就可能讓信任你的夥伴受到傷害。

「我是〇〇〇，請求高空降落。」

夥伴向後一倒，我們竟驚訝地看他先伸出手接住，撐不到幾秒後便將手鬆開，讓夥伴因失去支撐而重心不穩，差一點跌倒。下了課以後，我們單獨找他，開門見山地告訴他在活動中犯的錯，他靜靜地低下頭，沒有說話。「不管你是不是願意來到這裡，既然來了，埋怨也是過，全心投入也是過，若你願意投入，一定能有所收穫，但是現在的你只讓同隊朋友傷腦筋，自己也白白浪費這五天。希望你仔細想想。」我們皺著眉頭告訴他。

其實他很有想法，當我們個別找他，也願意分享內心的看法。面對陌生的朋友，他卻始終不願意敞開心胸與他們認識，只想活在自己的世界裡，驕傲地護著自己。

最後一堂課，主題是親情。講師出了一道題：「想像若有一日你們當了父母，要寫一封信給自己的孩子，你們將會對他有什麼期許？」我們邀請學員的親人前來，共同分享他們的收穫與想法。跟著講師的引導，在最後一首歌的催化下，孩子們在爸媽面前哭成一片。

這個小孩的親人沒空前來，他的媽媽寫了一封信要我們代為傳遞，信裡寫得簡單卻讓我們印象深刻，媽媽說：「希望你能諒解爸爸媽媽忙於工作，卻少了陪伴。你永遠是媽媽最愛的寶貝，幫你報名這個營隊，沒有經過你同意，要跟你說聲抱歉……希望你有所收穫，找到未來的目標，媽媽永遠支持你。」

唱歌以前，他靜靜地看完了信，信折好收進口袋裡，接著，大夥圍成一圈開始唱歌。他一個字也唱不出來，緊緊咬著嘴脣淚流滿面。

看著他的眼淚，我們突然間釋懷了，為什麼一定要願意分享、願意開朗地和一群陌生的新朋友聊天，才是一個「好帶」的小隊員？參加領袖營的孩子，不會都是天生的領袖，他可能正想著要突破自己，卻始終找不到踏出去的那一步路；他可能還不夠勇敢，去掀起沉積了重重灰塵的記憶，試著讓生命透入更多光線。也許，他就是還沒準備好要分享，要卸下心防認識陌生的朋友。

既然還沒準備好，就讓他靜靜的吧，總會有個時候，他會找到自己的方式面對

曾經的彆扭與不安。

最後一首歌唱完了，講師邀請孩子們上臺分享幾日來的感想，不意外地，這幾日的分享課程，孩子們早已卸下心防，站上臺無須客套，他們坦然地分享著內心最柔軟、善感的部位，毫不遮掩地掉下眼淚，抽抽噎噎著也要把感動的話分享給每個人。分享是一件多麼迷人的事，我們用不著能言善道，也不用在乎故事精不精采，分享之所以迷人，是因為我們都對自己誠實。

我們用眼神示意他鼓起勇氣上臺，小孩搖了搖頭，他不想上臺，我們點點頭也不強迫。分享完了，依依不捨地拍幾張照片，揮揮手就要道別。

小孩拿起行李，走了過來，我們擁抱。

「白弟，謝謝你懂我，你很酷。」他說。

山神奶奶不要哭

「你好，請問是南淵學長嗎？」山神鼓起勇氣打給學長，接下楓杏第一屆活動長和這次幹部培訓的負責人以後，好幾天她都忙得睡不好覺。

「是，請問妳是？」

「啊～太好了，學長您好，我是楓杏的學妹，想請教您一些問題。」

「楓杏？」

「啊不好意思，學長可能沒有聽過這個名字，我們是北醫新成立的社團，總召你應該認識，是邱聖博學長。」

「哦——我聽過他，所以，你們是進推部的營隊？」

「對，不過我們在今年申請成立為社團了，我是今年的活動長，我叫柏萱。」

「柏萱，有什麼事嗎？」

「是這樣的，我們想要辦一個幹部訓練活動給學弟妹。想要詢問學長以前在康輔辦幹訓的經驗，不知道方不方便。」

「幹訓？康輔的幹訓很硬喔，你確定嗎？」

「報告學長，其實我沒有很清楚康輔的幹訓內容是什麼耶，不好意思——」

「內容是什麼可以再討論，重點是，你們想藉由這次的培訓告訴學弟妹哪些事情。」

「告訴哪些事情——我和幹部們詳細討論後再回覆學長，可以嗎？」

「好，想好了再告訴我。」學長說。

「好耶，謝謝學長！」山神開心地說。

放下電話，她走回社團會議室，對著幹部們大喊：「喂，大家一起來想，這次的幹訓，我們要傳達給學弟妹什麼？」

「傳達什麼？」原本鬧哄哄的會議室頓時靜了下來，大夥陷入沉思。

平常的日子裡，她和這群幹部下了課就會跑到社辦，討論活動、聊天打屁，好像漸漸地養成了習慣。晚餐不曉得要吃什麼的時候，晃進社辦，不管遇到誰，三五個人立刻會聚成一團，嘰嘰喳喳地決定好晚餐。這大概是一種默契吧，一起玩活動久了，每次遇到了難題，大夥聚在一起，總會有辦法解決。而且她知道，在這群人面前，她可以沒有包袱地做自己。

漸漸地她發現，習慣養成了依賴。

「我要去買宵夜，要的人舉手！」夥伴麒麒站起身，伸了伸懶腰。

「吼，你不要誘惑我吃宵夜好不好。」

「有什麼關係，反正你都已經……。」

「都已經什麼？」山神斜眼看向麒麒，眼神裡充滿殺氣。

「沒……沒有。不管啦，你不吃我要吃啦，我好餓。」

「欸，等一下南淵學長要來討論幹訓的事，不然你幫我買杯飲料。」

「對了，把霞雲探索教育中心的簡介、地圖準備好，討論會有幫助。」

「好。」

現在確定的活動有野炊和紮營，除了租借帳篷的費用，還要營地的清潔費、幹部的寢室和放置器材的地方，也都需要借用費。今天一早，山神又打了一通電話給活動中心，這幾天為了確認食衣住行等等的細項，她打了無數通的電話。中心的大姐都快認得她的聲音了。筆記本裡寫了滿滿的紀錄，全是那天場勘記下的資料。

過了一會兒，麒麒提著香噴噴的鹹酥雞回來了，還附帶了一杯罪惡的飲料。

「喏，這杯給妳。」

「你又在誘惑我！」

「好心請妳喝妳不要，算了啦，我喝。」

「啊沒……沒有，我喝我喝。謝謝你啦。」她滿足地喝了一大口。

「學長還沒來啊？」

話還沒說完，電話便鈴鈴地響起。

「來了來了，我去開門。」

「所以，你們決定好氣氛是比較嚴謹的嗎？」學長問。

「對，既然想和上一次幹訓做出區隔，改變是必要的。」她肯定地回答。

「不過，高壓的培訓模式，要有心理準備，學弟妹會反彈喔，如果氣氛掌握不好，反而會導致學弟妹的誤解，造成反效果。」

「嗯？」從沒辦過這類型的活動，她聽得茫茫然。

「你知道嗎？以前我們辦幹訓的時候，一邊紮營，所有的學長姐就會站在一旁不停地『告訴』學弟妹帳篷該怎麼架、要注意的細節等等。只不過，這些告訴，是用罵的，用高分貝去吼。」

「哇！」

「但是第一，罵不能是謾罵，要言之有物，罵聲裡要有必要的觀念和做法。第二，表情、動作、聲音可以嚴肅，但是，關心不能少。好比嚴父的角色吧，雖然不苟言笑，卻不能讓他們完全不敢靠近。板起臉孔，卻要照顧到他們的安全、體會還有情緒。讓學弟妹更信服，要做他們的靠山。」

「可以舉個例子嗎？」

「假如有人受了傷，你們不會露出心疼的表情，會定定地看著他，問他還可以嗎？需不需要幫忙？心疼，是拿來對孩子的。既然是幹部培訓營，你們要很清楚地告訴他們，孩子，接下來你們要當幹部了，要長大了。以後的日子裡，團結，你們要自己來；效率，你們要自己想辦法；熱情，你們得自己找。學長姐能做的不是亦步亦趨地陪著你們，學長姐能做的是傳承。」

「這好難喔，以前我們老是想著怎麼對他們好，考試前送小禮物、教案遇到困難了也要安慰、鼓勵他們，這次卻要學著對他們嚴肅。」

「但是甜甜的關心久了會膩吧，久了，他們會把關心當作理所當然，接著，他們可就什麼也教不會了。帶人，就要帶心。」

「嗯。」

「帶心，不是一種上對下的給予，只把他們看作組員；帶心，是當他們是朋友、是孩子，不是要強塞給他們辦活動的辦法而已，妳是真心地想跟著他們一起成長學習。」

「……。」

「講得太遠了，我們先來討論活動吧。」學長說。

山神思考著該怎麼帶學弟妹才是最好的辦法？

陪伴、鼓勵，把她會的、經歷過的一點一點全告訴他們。或者像學長所說，利用嚴父般的教導傳達理念，才有辦法更深植在學弟妹心中？像一劑疫苗，注入一年、兩年幹部曾經歷的體會，在幹訓三天兩夜裡爆炸式地發生。等他們有了抗體，理念將會內化成習慣性的思考方式。

那麼，以後這群幹部面對困難時，他們將懂得合作；面對意見分歧，他們會選擇傾聽；面對價值與選擇的差異，他們也許，能學會尊重。

這一年，是她當組長的第一年，也是楓杏成立社團的第一年。她所經歷的，正好是社團篳路藍縷的過程。

回想起來，大二這一年，除了把幹部培訓從無到有地辦出來，她還做過各式各樣瘋狂的事。例如清晨五點半起床，趕上車去醫院實習，實習結束，再匆匆忙忙地趕到學校，驗收、聯絡活動，一到十點，她又得趕最後一班車回家。這一、二年來，幾乎每天都背著夜色趕車，夜好深了，一個人靜靜地走回家。或者為了場勘，四個夥伴騎著機車，一路從臺北殺到桃園的復興鄉，大夥對路況不熟，在蜿蜒的山路上，就這樣眼睜睜看著夥伴摔進山溝裡。雖然只有輕微的皮肉傷，卻把他們都嚇壞了。

學弟妹都覺得她是女超人，她知道，她不是，有時她也覺得好疲倦。只是想帶好他們，她得以身作則。

最後一次站上社團之夜的舞臺，和夥伴一起又唱又跳的，唱了首《愛很大》。他們做了部影片，裡面放滿那些日子裡的回憶，好夥伴搭起肩膀說：「好慶幸沒錯過你們。」山神拿起麥克風，她說：

「又一年幹部交接了，看到大一到大四的團員都聚在這，看到學弟妹又有了自己的學弟妹。以前自己對他們說過的話，他們又把這句話告訴學弟妹。這種感覺好滿足……。」

「山神奶奶——不要哭——」臺下的學弟妹齊聲大喊。

「沒……沒有……我才沒有哭，嗚嗚嗚……唉呦都是你們啦！」

來辦楓杏之夜吧！

「好，活動組開始報告吧。」楓杏第一屆團長東東坐在會議桌主位，一旁是聖博老大和副團雷邱。

「昨天第一次團員大會已經把活動教案都分配下去了，我們訂出這學期的驗收進度，大家看一下，記得按照進度去督促學弟妹完成教案。還有，這學期的包裝確定為『迪士尼環遊世界』，標到主持人的學弟很帥。」山神看著手上的會議資料，一面對著幹部們說。

「學姐，學姐收斂一點。沒有人要你講主持人帥不帥好嗎。」

山神一臉無辜地說：「噢，我想說大家會想知道。」

「活動組要辦社課，教學弟妹怎麼寫嗎？」東東問道。

「嗯，我們已經去找貓姐，請她下禮拜二幫我們上教案設計社課。還有一堂團康社課，不知道能不能請——」山神露出懇求的眼神。

「我喔，好啦。」

「耶，太好了。那，迎新活動的成報我們趕工中，預計這禮拜會交給課指組。因應十二月要辦的積穗國中營隊，我們想在十一月初辦一個小型的訓練活動，幫學弟妹加強各組專業。也可以更了解其他組的事務。」

「嗯，要上什麼？」

「還……還沒決定好。下次開會會討論出來……。」

「好，活動組結束，換綜服組。」

「這禮拜給學員的信和簡章已經寄出了，要張貼在各校的宣傳海報也已經聯絡好。另外，我們在無名小站上也開了一個楓杏版。網宣的部分在BBS站也已經公告了。對了，目前營隊報名人數已經突破一千人了，去年同期只有六百人喔！」

「太好了，謝謝綜服。來，換器材組。」

「我們已經把現有的器材建好檔，架場的SOP也修訂好上傳了。下禮拜會有組內社課，帶學弟妹熟悉音響和架場器材。然後，這是我們想買的器材，給老大過目。」

「這太貴了吧，哪來這麼多錢。」老大說。

「可是，寒假營隊很需要啊。」

「唉呀，跟課指組借就好了，買不起啦。」
「好吧……。」
「為器材組哀悼一秒鐘。瑞叔，接下來是教學組。」
「我們預計開發一個新的實驗課，仿照醫學系的ＰＢＬ問題導向式討論會。這部分我會再跟柏元從長計劃。這次的寒假營隊會再加入兩堂新課程，是組織學和生理學實驗課。」
「大體解剖課的講義編得怎麼樣了？」
「柏元努力生產中，我會再跟他確認。」
「感謝你們啦，課程的部分真的要仰賴教學組的努力。接著是生活組。竹姐，該你啦。」
「生活組的部分已經把寒假營隊的三餐和宵夜都確定了，住宿地點還要再跟老大討論。然後，我們預計在接近冬至的團員大會帶著生活寶寶們一起煮湯圓給大家吃。」
「是紅豆湯圓嗎？」
「對啊。」
「耶～我愛紅豆。我可以幫你們煮。那可以加桂冠的芝麻湯圓嗎？」
「太貴了……。」
「可惡……社團好窮困喔。還有哪一組啊？」東東哀號。
「美宣啦。活動長大大們，十一月初是道具清單的 Deadline，不准拖啊。然後，下

個禮拜會有組內社課，其他組學弟妹想學海報字體設計的都可以參加。再來要說一件哀傷的事，我們有一個學弟要退團了。」

老大接話：「他有來找我聊聊，想把心力放在熱舞社。」

美宣長哀戚地說：「好難過喔，他超會畫水彩的耶。」

「剩七個學弟妹要好好照顧啊。對了，團服設計得怎麼樣？」

「沒有頭緒耶。我們想說要有一句屬於楓杏的口號，印在上面。像是『楓杏醫青，My Team My Dream.』什麼的。後面接一句話當口號。」

「好，等一下開會結束，一人一句話，救救美宣組。哪個組幹部還有什麼事情要報告嗎？」

沉默了一會兒，老大開了金口：

「規劃一個隊輔手冊。把帶隊的精華和各組要注意的大小事項都記錄在裡面。綜服組做，可以嗎？」

「要放那些元素啊？」

「交給你們想啊，先想好再跟我討論。」

「好……。」綜服長一邊敲著會議紀錄，一邊嘆了口氣。

東東看向山神說：「活動組不是說想規劃新活動？有什麼想法？」

「還沒確定耶，不知道要楓杏制服日、卡拉ＯＫ大賽還是家聚什麼的。」

「來辦楓杏之夜吧。」

「咦？」

「辦社團之夜啊，還可以邀以前到現在的學長姐回來看表演，類似團友回娘家的活動。醫學營辦晚會的底子已經有了，只是觀眾不一樣嘛。不會太難吧。」

「哦——感覺還滿有趣的耶。」幹部們開始熱烈地討論起來。

「可是要辦楓杏之夜，團費會透支吧。」

「買器材不行，辦夜就可以，可惡。」

「還是要募款？像系上的夜一樣。」

「現在開始不知道搶不搶得贏其他社團，可能要趕快著手進行。」

「誰要負責啊，我們都沒有募款經驗。」

「老大有啊，老大很會募款。」

「什麼鬼，自己要辦活動當然是自己募。我可以教你們啊。」

「噢，那誰要募款，募款需要會說話的。」

「最好要是正妹。」

「很有老闆和阿姨緣。」

「跟附近商店都很熟。」

「要跟老闆、老闆娘撒嬌。」

「對，尤其是早餐店。」

唰唰唰，幹部們同時把頭轉向生活長竹姐，看她正好喝下一口北醫招牌早餐店大王奶茶。

不要怕，有浩浩在

時間再往前推，那一年的暑假，浩浩加入了楓杏，立刻就空降生活長大位。生活長最大的長處是，綠豆湯、紅豆湯圓、冬瓜茶、西米露、山粉圓……都難不倒瞇瞇眼浩浩。大家都知道，浩浩很罩。

不只煮宵夜，還有帶隊。就拿那一梯爆走到不行的臭小孩國中生來說好了，因為小隊員幾乎全是同校同學，對他們來說，這不像參加大學營隊，更像一場校外教學。所以從第一天報到開始，就開始發生暴動。玩大地遊戲、上課、做實驗、晚會的時候，完全除去了剛認識的小朋友應該要表現的羞澀感。

簡單說，他們就是玩瘋了。

在玩「打電話」的時候，他們會高喊「衝啊！」然後拖著後面一群人暴衝鑽進指定的地方。平常的營隊，隊輔可能要幫忙喊加油加油，鼓勵小朋友投入活動裡。但在這一梯，隊輔繃緊了神經，深怕小朋友一個不小心「雷殘」，他們可就難跟家長交待了。

只要隊輔一上臺，底下就會開啟三姑六婆模式。

「你看那個男隊輔穿的蓬蓬裙，啊他會不會走光！」

「我告訴你，聽說那個誰很哈他。」

「真假，幫她傳情書啊。不然就 Cue 她上臺跟他互動。」

「不要啦，她超害羞的。」

「欸可是演晚會上演周杰倫那個比較帥。」

「對——我也這麼覺得。」

「等一下啦，他們現在在宣布什麼？」

「不知道耶，沒差啦等一下跟著人群走就好。」

每個人都以為有人在聽隊輔的話，其實沒有。所以每當要移動到下一個地點的時候，就會出現這個畫面。

「好——各位小朋友，帶好你們的名牌和水杯，我們要移動囉。」

「嘰嘰喳喳嘰嘰喳喳……。」

「耶——第一小隊先起立。」

「嘰嘰喳喳嘰嘰喳喳……。」

「第一小隊起立囉。」

「嘰嘰喳喳嘰嘰喳喳……。」

「第，一，小，隊。起，立！」聽說隊輔生氣了。

瞬間沉默三秒鐘。

「欸，他剛剛是不是說第一隊要起立。」

「對……對吧。」

「有人站起來了，趕快趕快，應該是要走了。」

「要帶什麼？」

「唉呦不知道啦——」

最後一天晚上，器材組花了一下午布置營火晚會場，辛苦架設的木椿由幾個圓粗的大木材疊在一起，井字越堆越小，最後疊成近似於塔狀的營火。天色還沒完全暗下來，留守的隊輔坐在草場上，音樂播著早操——天團的*C'est si bon*。

不曉得是誰誤傳了貓姐的口喻，在教室裡顧小孩的浩浩以為已經是時候帶隊，營火晚會準備開始。

「第一小隊跟著我，後面的依序跟上。」浩浩背起 Mipro 麥克風。

還沒走到大樓門口，他就接到噩耗。隊輔急急忙忙地跑向他，跟他說你怎麼開始帶隊了，天色還不夠暗，沒辦法下營火系列。

「不是已經要帶了嗎？」

「哪有，你聽錯了吧！」浩浩看著後面嘰嘰喳喳的小朋友，他知道，如果這時候折回教室，那一定會引發一場災難。

他撥給營隊執行長貓姐。

「世界正大美女貓姐姐，我現在一定要帶過去，不然他們會暴動的。」

「不行啊，太亮了，點火根本沒氣氛。」貓姐的背景音樂是營火舞的歌曲*The Lion Sleeps Tonight*。

「不管，我用極緩慢的速度移動到營火場。就這樣，掰。」

浩浩一轉頭，就看見一向斯文的夥伴對著小朋友大吼：

「你們可不可以不——要——吵——！」

又是瞬間沉默，三秒鐘。

「欸隊輔生氣了，不要講話了啦。」

「好啦。」

「……。」

通常，從沉默到悉悉簌簌，到嘰嘰喳喳，再到分貝超載的笑聲，只需要一分鐘。

好吧，雖然很爆走，雖然回饋單上課程食宿都填非常滿意，就只有隊輔那一欄意外地低分，還寫著「隊輔好兇」。但是，那個馬拉松式帶營隊的暑假，因為有一群那麼麻吉的好夥伴陪在身邊，一起瘋狂、一起大笑，回想起來，真的很歡樂。一輩子都很難忘啊。

麻吉的好大概是，暑假還要暑修普化的浩浩，推完流程檢討完以後，別人都倒在床上睡死了，他還在苦命地念明天要考的試。沒想到，念一念不小心睡著了的時候，身邊的麻吉會突然醒過來，狠狠踹醒他，要他繼續念書不准睡。

或者，晚上推流的時候麻吉會突然跟他說：「浩浩，明天的大體實驗課有一個學長突然不能來，你可以幫忙講嗎？」

「啊，我？」

沒等他回過神，麻吉就用閃亮的雙眼給他一個愛的肯定：「太好了，謝謝你，你真的很棒。」逼得他只好一邊瞪身邊呼呼大睡的麻吉，一邊惡補解剖學。

大概就是這些時刻吧，雖然累得讓人喘不過氣，每個人的心卻緊緊地靠在一起的時刻，誰也不能少。那年暑假，還有一句話很紅。大家都在說：「不要怕，有浩浩在。」

不知道什麼時候開始，他發現自己很享受這樣的營隊生活。外面的人不能理解，以為他瘋了。每天都要熬夜想表演、多晚了還要陪麻吉吃宵夜、就算累壞了也要陪小隊員打牌聊心事……好多好多看起來無比瘋狂的事，他都做得好開心。

帶營隊嘛，開心就好。

「浩浩，你真的好罩又好貼心，不管多困難的事都可以輕鬆面對，跟你帶隊真的超開心的耶。」學妹在畢業送舊的小卡片上，寫了這段話送給他。不管活動再忙再累、不管外人是不是能理解、也不論這些事情在別人眼裡到底有多有趣。開心就好，只要你樂在其中。

他們這一群瘋子，都很樂在其中。

——這次 你怎麼
沒 有 哭？

訪談——邱聖博〈指導老師〉

問 為什麼選擇定點澎湖辦醫療隊？

邱 其實一開始我沒想過會去澎湖，那年暑假辦完營隊，你們當屆團長帶整團去澎湖玩，去七美的時候有人摔車，結果找不到可以幫忙包紮的地方，那時候很深刻感覺到當地醫療資源不足，才種下我們服務澎湖的念頭。不過說實在的，我認為服務地點越近越好，服務隊如果能建立當責區域，我們在臺北，地點就選桃園、宜蘭、新北服務，這樣才是最有效益的，不然每個服務隊想去哪就去哪，交通費也是不小的開銷。

問 醫療隊的下一步目標？

邱 我們要把重心放在教育上，撬動澎湖的下一代。所以我才去找國中、高中辦營隊啊，真正能照顧那些長輩的人不是我們，是這些孩子們，如果啟發他們服務的習慣，讓他們主動關心社區裡的長輩，這種服務才是最好的。後來還有天人菊計畫，每兩個月訪視特定家戶，找馬高的學生一起服務，甚至若能讓澎湖大學生也跟著投入，靠在地的青年加入，才能真正讓長輩們得到好的關心和照顧。你們想，我們最多一個月來一次，但如果把教育做好，這些住在附近的學生們每天都可以「家訪」，問長輩藥吃了沒、要記得運動。扎根教育，問題才能真正解決。

問 開辦醫療隊以後，楓杏的孩子有什麼改變嗎？

邱　醫療隊要實戰啊，必須直接面對民眾的，營隊只需要陪著上課、實驗，醫療隊會接觸到醫療行為，對你們來說，責任差距滿大的。這對北醫的孩子是很好的磨練，上課你只會看到書本，看不到病人，可是醫護人員必須要很懂得察言觀色，熟悉應對，醫病關係才會好，不會有專業上的隔閡。醫療隊訓練這些孩子懂得觀察、體貼，懂得站在病人的角度為他們想，以後這些孩子會是很有溫度的醫護人員。

問　對你來說，什麼是服務？

邱　幫親戚孩子家教、為班上同學計劃班遊、幫忙做一件沒有人願意做的事，這些都是服務。不一定要遠到偏鄉或幫助弱勢才是服務，我們辦營隊、開假日生物實驗班，也是服務。做什麼事，只要出發點不是為了自己，是為了他人、為了團隊或特定族群好就是服務。

問　楓杏下一個十年，有什麼計畫嗎？

邱　繼續把營隊、醫療隊辦好，讓楓杏成為大學營隊的代名詞，醫療隊持續深耕澎湖，讓更多人重視偏鄉醫療、影響澎湖的青少年。楓杏校友的力量會越來越好，學生一屆一屆有新的生力軍加入，這兩股力量將會讓服務隊有更多可能，讓北醫的孩子有最好的舞臺可以發揮，這是楓杏現在以及未來的使命。

08

家的方向是海洋

服務，是為了不再需要服務

「如果我們什麼也改變不了，那為什麼要有服務隊？」黃河問。

「那天南淵哥不是告訴我們『六十顆珍珠』的想法，如果要改變一個人，需要累積六十次的提醒，我們每一次的衛教，都是給出一顆珍珠，一顆、兩顆不行，時間長了，細水長流地付出，十次、二十次以後總會有人被我們拉動改變的。」

「認同。」黃河點點頭。

「而且就算服務的過程遇到很多無力解決的事，只要一百個人改變了那一、兩個，也就很值得了，服務重質不重量嘛，雖然改變很難發生，但總不能因噎廢食吧。」

「沒錯。」

「對吧，你把服務隊想得太消極了啦，慢慢耕耘，一定會有收穫的。」

「你說得對，不過你可能誤會我的想法了，看待服務隊的影響力，我一直是很積極的。我想說的是，對於當地人既有的習慣、生活模式，這些難以動搖的，我們用不著執著於『改變』，改變的確是服務隊檢驗成效的指標，但在我們心裡，卻應該更寬心地看待它的發生與否。真正要在意的，是我們能『影響』當地的程度有多深？範圍有多廣？」

「影響？你的意思是？」

「我們可能沒辦法完全改變糖尿病老奶奶的習慣，但是試著將影響擴大，衛教她的

第9版 地方采薇 澎湖時報 中華民國一○○年八月十二日 星期五 農曆辛

北醫大楓杏社區服務隊成果輝煌

（記者洪添甆報導）台北醫學大學「楓杏社會醫療暨醫學知識推廣」服務隊，第一階段的服務工作昨日告一段落，四天來他們不畏酷暑，在湖西鄉的白坑、青螺、西溪、紅羅等四個社區從事義診及健康家庭訪視活動。

四天以來，服務隊成員兵分二路，分別從事家訪及義診工作，由於宣導得宜，參與的民眾相當熱烈，共有200餘位村民前往各活動中心接受健檢、診療及洗牙服務。而健康家庭訪問活動也訪視了100個以上的家户，成果可說相當輝煌。而從昨日起，他們即前往馬公高中辦理「生物醫學研習營」，提供許多高中階段還接觸不到的知識給馬高的學生。

一位服務隊的成員表示，她是首次參加服務隊，第一次離開台北，到鄉下和民眾面對面的接觸，她很感性的說出四天的心得，她說：澎湖鄉親長輩的純樸善良、熱情好客，讓她感受到人性美好的一面，她認爲她們付出一點點，但「回收」卻是「滿行囊」，澎湖之旅對她而言將是終身難忘！

除了忙著義診、家訪之外，這些「可愛」的大學生們更安排了三場精彩晚會，無論是燈光或舞台，都有相當的水準，同學們的演出更有模有樣，搏得觀眾熱烈的掌聲。立委林炳坤的夫人張端美女士亦到場爲同學們加油打氣，並誠摯的希望他們明年的暑假再來澎湖服務。

暑假期間大學生透過救國團的協助到各地服務至少有30年以上的歷史，也都獲得好評。但像台北醫學大學這種大規模的服務團應屬首創，包括醫師、牙醫師、藥劑師、營養師、護理師在內的80個成員，連同三套洗牙設備都運來，好像是一所小型的活動醫院。更重要的是所有服務人員的態度都非常的謙恭、有禮貌，明明是他們爲大家服務，但不斷說謝謝、不好意思的卻也是他們，難怪許多民眾會說：他們如果來澎湖開業，我一定去讓他看診。

最近幾年，對於大學生、醫師有不少負面的報導，認爲他們是「草莓族」、而醫師則只會追逐個人的名利。但以台北醫大社服隊的組成、服務過程看來，還是有許多的大學生、醫師，對這個社會充滿著愛心。學生們放棄假期，犧牲在家裡舒適的日子，而到活動中心打地鋪、自己「洗手做羹湯」。而許多醫師們無法隨隊服務，但也都慷慨解囊，讓服務隊有足夠的經費做事，真的是「有錢出錢、有力出力」。

服務永遠不嫌多，但願台北醫學大學的
其他的大

●牙醫師爲民眾洗牙。

兒女、看護、孫子女卻容易許多，讓他們更懂得如何照顧糖尿病患，例如飲食、傷口處理、按時服藥等等，這對奶奶而言將會更有幫助。再進一步思考，如何深化影響力？例如聯繫在地社福團體，彼此協助配合，激發更好的做法；例如統整服務隊的觀點與成效評估給衛生單位，透過公民監督與溝通，督促公部門回應、改革相關政策的失能問題。就像在照顧醫院的慢性病患，我們也許無法根治病人，卻能提升醫療照護水平，讓病者的狀況更好。因為就算病還在，只要心情快樂、生活舒適，這又何嘗不是一種改變呢？」黃河說。

「意思是，我們不應該忽視影響，一味地求不一定會發生的改變？」

「沒錯。另外，服務隊的服務對象對外是機構、學生、當地居民，對內則是服務志工，這講出來很常被詬病的，但平心而論，服務這件事情，在真正能影響當地以前，服務志工被影響的才是最大。不論是在學學生、或是已經投入職場一段時間的學長姐，參與服務都讓我們成長，再一次提醒我們的初衷與價值。」

「你說得對，提到志工的成長，好像往往帶給人一種對服務當地不公平的想法。但不可否認地，它卻是服務學習很重要的一環。」

「還有一種影響更重要。」

「哦？」

「你仔細想想，說到收穫和成長，當小隊員和當隊輔的時候相比，哪一個讓你成長得多？」

「當然是隊輔。小隊員你只會學到專業知識和交到朋友啊，可是隊輔為了帶隊，專業知識會念得更熟，其他行政、活動、人際溝通能力也會成長。」

「對吧。施與受相比，主動的付出相較於被動的接受，付出往往讓我們收穫更多。要辦好一梯營隊、教好一堂衛教、帶好一群小朋友，

當我們對服務的另一方有承諾，在盡力做好的過程中，不僅發揮了能力，自己也會變得更有力量。為了要付出，我們會更有目標地強迫自己成長。」

「你的意思是？」

「隊輔和小隊員的角度不同，思考和成長的廣度也就不同。我們第二年開始做天人菊計畫，召集馬公高中的小隊員參與義診、家訪，就是希望讓他們從被動地接受教育，變成主動地付出學習。在澎湖辦服務，論醫療，我們提供的資源只是杯水車薪，但論教育，若能善用服務學習的力量影響這裡的孩子，由他們『服務』家鄉的爺爺奶奶，那麼，習慣了付出，就會繼續付出；習慣了傾聽與思考，他們將會更仔細地傾聽，並帶來新的思考。我想說的是，只有種下新的種子，才可能真正改變這片土地。」

「醫療隊的終極目標呢？將服務遍及每一個離島、村落，然後長期駐點嗎？」

「正好相反。就像剛剛我們討論的，服務是為了影響、增能當地或個人，不論是吸引長遠有規劃的非營利組織駐點、推動公部門更完善的建設，或是啟發在地的服務思維，使更多長輩動起身、更多青年返鄉為當地付出。這些才是服務隊真正的目標。服務，是為了不再需要服務。」黃河說。

試著將立場互換，如果從小你生活的家鄉，是別人眼中的偏鄉，你念書玩耍的小學有個別稱是教育優先區，你無憂無慮的孩提時光裡，一年來了兩、三隊不同學校的哥哥姐姐，他們有的帶你打棒球、有的陪你念英文、有的除了上課還在廟口的活動中心辦起義診，家裡的爺爺奶奶一早去拿了幾包藥回來。哥哥姐姐總愛講夢想，他們問長大以後有沒有什麼志願？你的夢想是什麼？

或者，如果你是坐在搖搖椅上看電視發呆的老爺爺奶奶，平常的日子裡，幾個穿背心的大學生敲敲門，你艱難地站起身開了門，他們說想關心、訪問你，拿著問卷和血壓機，為你講解衛教，偶爾陪你聊聊往事，一聊就是一下午。他們總是張著汪汪的眼睛看向你，提醒你多喝水、多運動、按時吃藥，你始終不曉得大學生為什麼突然來訪問，是衛生局的計畫嗎？還是大學的什麼研究？隔壁也被訪問嗎？為什麼只有你被特別關心？

如果是你，你會選擇接受，或者付出？

有的時候，我們也想看看爺爺奶奶年輕的模樣，他們青春時的笑容與活力，曾經躊躇滿志的少年少女，怎麼如今卻坐在我們面前，對著滴答答的時間打盹？

更多時候，我們期待看到孩子們長大長高了，思想成熟地討論起未來，聊聊他們眼裡的服務是什麼樣子的，我們教給他們的，除了知識和榜樣，還有沒有一點對於家鄉土地的關懷？

服務，帶領我們從擠向城市的人群逆流回原鄉的村落裡，我們因此靜下心聽見了土地的聲音，她的歷史與價值。在澎湖，有泥土的野地上，便能輕易見到天人菊，橘黃色的花瓣在成片的綠意中有藏不住的鮮豔，天人菊的種子如蒲公英，風揚起的時候，他們便會離開母株的懷抱，飛到一處適合的土地落腳、生根，有的種子飛得又高又遠，有的仍回到了同一片泥土生長、孕育下一代。

他們的世界如蒼穹般廣闊，卻選擇回到最素樸的土地上，靜靜地，長成最美的姿態。

如果是你，你會選擇飛往世界，或者回到故鄉？

「那我們就在這裡開始今天的分享和檢討吧。」一走到馬公高中的小廣場，大夥就地坐下，圍成一個小圈。

白弟左手邊坐著兩個看起來很緊張的妹妹，是馬高的孩子。妹妹很害羞，一路上話也不多。問她們以前見過面嗎？她們搖搖頭，彼此都是新識的朋友。

大夥一坐下，開始今日家庭訪視的檢討、分享。

「那今天第一天的訪視，有沒有遇到什麼問題？我先報告我們這組的情況。」家訪組長翻了翻家訪紀錄單，這一整天的行程包括兩位妹妹有八個人、分成兩支小隊，一共走訪十五戶，散落在湖西、湖東、北寮、南寮、青螺五村中。

每小隊一個早上約訪三至四戶，負責開車接送的駕駛開車到村裡的地標，通常是大廟，約好集合點和時間後，就讓家訪組的隊員們自行徒步前往。村子不大，訪的家戶散落在村子各處，他們仰賴著村長給的、好久沒更新的村地圖，按圖索驥。

澎湖的門牌實在沒什麼規則，例如要找十號，好不容易數著二、四、六、八，咦，十號偏偏就不在。得再穿過兩條巷子，才能找到它。所以，家訪組都深信紙畫的地圖是參考用的，真正的地圖長在嘴上。

「第一戶的爺爺，跟之前遇到的問題差不多，還是因為不良於行不喜歡出門。」家訪組長看了看訪視表，抬起頭繼續說。

「爺爺的右手無力，可以抬起來不會痛。背部和腳都會痠痛，每天早上很明顯，所以起床會很不舒服。他用助行器就可以下床活動了。這是爺爺之前在吃的藥，不過他因為不愛出門，都不拿藥了。」

「爺爺有痛風，不吃藥控制ＯＫ嗎？」白弟問。

「爺爺說他之前會打止痛針，只不過花費有點高，現在也不打了。好像會去附近的西藥房買藥包吃。」

「去衛生所拿藥又不用錢，怎麼不去衛生所？」他不太理解爺爺的邏輯。

「上面寫爺爺有子女，可是都不會回來？」學妹湊近看。

「對啊，爺爺自己說的啦，他說鄰居會來看看他。」

「嗯——之前帶的衣服爺爺有在穿嗎？」上

一次探視時，因為看到爺爺穿的衣服都破了，他們帶了幾件營隊衣服給他。

「沒看到耶。」

「是不是是他嫌我們的營服太幼稚了……。」

「對了，基金會的大哥有來探視。」家訪組長說。

「哦——那太好了。這樣至少可以確保爺爺定期有人在照顧。不是說我們之後要跟他們一起家訪嗎？」

「對啊，我們明天會去一趟基金會，希望能和他們進一步合作。」

「這件事好像談很久了？」

「嗯，其實學長姐也一直很想和基金會做兩方資料整合。他們希望能借重我們的醫護專長，我們則希望有定期照顧老人家的在地人。畢竟我們只能做到一、兩個月來一次澎湖，對

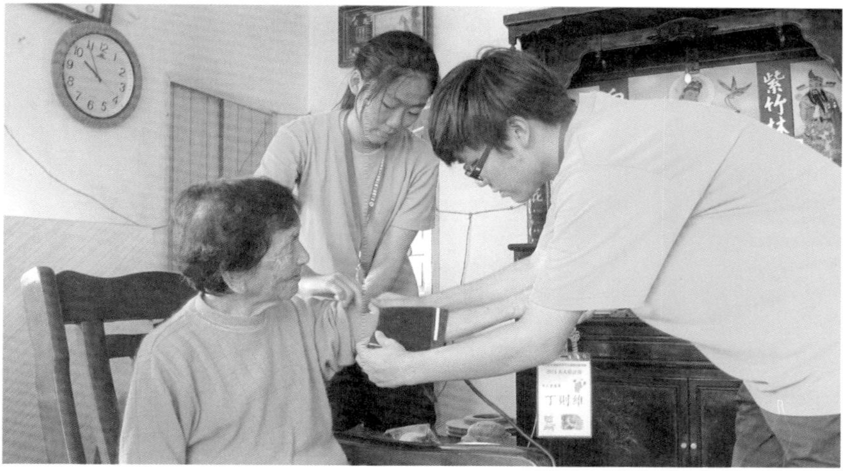

特定家戶進行訪視。但是遠水救不了近火，平時照護真的要仰賴他們。」

「之前是不是有提到，那邊也會有馬高同學去服務？」

「對啊，好像是可以累積志工時數。我們也想問站長，願不願意把我們的活動納入時數累計的項目之一。這樣應該會是一大誘因。」

「嗯，雖然有點半強迫性質，但是有服務經驗總是好的。」

「好，明天再跟站長討論轉介後的服務方向。」白弟點點頭。

「對了，下次去找爺爺的時候，記得多帶幾份報紙。他不愛出門，生活實在太無聊了，今天幫他買了一份報紙，他看得津津有味。」家訪組長說。

「報紙啊，沒問題。」

訪視單上記下報紙，再用力畫上醒目的標記。家訪組最愛看見爺爺奶奶的笑容，看著他們因為自己小小的幫忙而快樂一整天，是家訪時最大的成就了。

兩個月一次，隊員們和醫護學長姐利用週末，在兩天時間裡訪視約十數戶。天人菊的訪視和出隊期間有所不同，因為初步了解爺爺奶奶的身體狀況，便能省去病史、生活習慣等等的問題。訪視久了，爺爺奶奶都認得我們了。

針對紀錄的追蹤事項，回應上一次家訪後的狀況，並與爺爺奶奶，或看護、家人溝通、確認、詢問上述情形，看個案是否已經改善。通常，將個案的健康、疾病現況確認過後，再細心地提醒生活習慣、衛教觀念，只要花上半小時。但是天人菊訪視戶數少，能停留的時間就長。也就是說，我們還有大把的時間能陪陪爺爺奶奶，聊聊農事、兒女、年輕時的豐功偉業、或者看看電視、聽聽政治牢騷。有時候，還會有有趣的事等著我們。例如按摩、送信、買報紙、修椅子、拔野草、剝花生、整理漁網、切仙人掌、陪小孫子畫畫……。

那一天，不常下雨的澎湖，下了一整天的雨。雖然鞋子、身體、訪視單都溼答答了，我們還是想把每一戶都找到，走進去問問身體健康、聊聊近況。馬高廣場上，雨稍稍停了，檢討告一段落，我們請高中妹妹們分享心得。她們說，從小在市區長大，從不知道澎湖有這麼「鄉下」的地方，連臺語都不大會說。她們想像中的家鄉，跟現實的面貌有一點不一樣。

在「鄉下」，少了熱熱鬧鬧的商街與絡繹不絕的觀光客，沒有熟悉的飲料店和麥當勞，更沒有走出校門就看得見的超商。她們眼裡的澎湖，一直是像花火節絢麗的煙火一樣。直到跟著我們走過珊瑚礁岩砌成的老房子，她們才又重新認識了一次澎湖。

房子旁的田裡種著高麗菜、火龍果、花生。四月的花生剛長成青青的綠苗，底下還看不見果實的蹤影。過了這一戶，下一戶、下下一戶也都有花生的綠苗。因為澎湖的土壤屬於砂土，且雨量不足，農作多以旱作為主，像是花生、地瓜、玉米、菜豆。耐旱的作物不用施肥，就種在住家旁的小田地。每年七、八月花生收成，老一輩們會用大火煮，煮成的花生又香甜又軟綿，如果吃不完，冷凍起來，隨時都能食用。這些田地一旁包圍著珊瑚礁砌成的矮牆，它的名字是「菜宅」，用以抵擋強勁的東北季風，保護蔬菜類作物不受傷害，一路上看到的絲瓜、高麗菜都是常見的蔬菜……。

後來的一次天人菊訪視，妹妹再一次報名參加，問她為什麼願意犧牲假日跟我們訪視？她說：「這很有意義。」

服務隊第二年開辦了天人菊計畫，招募一年前參加馬高醫學營的小隊員們加入服務，受完培訓、授課及模擬實戰。出隊期間，他們會跟著醫診組，在義診站裡為爺爺奶奶量血壓、身高體重等基礎身體數值，也會跟家訪組挨家挨戶地敲門、聊天，進行訪視。

接著，他們會成為種子服務志工，在服務隊每兩個月一次的例行性訪視中，繼續跟上腳步，關心爺爺奶奶們、陪他們閒聊、做健康訪視。一開始，計畫只是想延長服務，讓一年僅一次的訪視得以延續，也得以持續追蹤特定家戶的身體狀況。後來，我們思考著將服務做到永續，除了改善現有醫療問題，最好的辦法，是透過教育，讓澎湖的孩子們更認識健康保健與臨床醫療，一是有能力為鄰居、親友們把關健康，二是能從服務學習的經驗中，建構對未來的想像。

天人菊計畫，讓我們和澎湖的關係一下子拉得好近，那是種從萍水相逢變成摯友的感覺，交情變好，能做的事也被放大了，服務隊在做的，不再是船過水無痕的服務。

第四期出隊開始，我們到當地國中辦營隊，並希望循現行天人菊的模式，讓有心參與的國中孩子也能投入服務。服務學習從教育出發，社會問題最好的改變之道也正藏在教育裡。期待不遠的未來，這些孩子有了更大的能力以後，將持續付出心力耕耘這片土地。他們將是所有問題的答案，他們是澎湖的下一代。

——這次 你怎麼
沒 有 哭？

家訪組出發囉！

八月的陽光很猛烈，那是你不論塗上多厚的防晒乳，想抵抗都只能投降的陽光。「晒得好紅喔！」看著鏡子裡的自己，白弟忍不住嘆氣。

「怎麼辦，這樣之後回家變得太黑我媽會不會認不出我。」用食指在臉上又刮又揉地，他想試試這樣能不能刮除黑色素。

「你沒差吧，男生晒黑一點有什麼關係？」藥務組長走過來，揍了他的手臂一拳。

「吼～妳都在義診站，活動中心有屋頂遮著耶。我每天跟著家訪在陽光烈焰下站一整天，超黑的啦。」他一臉哀怨。

「懶得理你，姐要去休息一下，下午還有診。」藥務組長洗完餐具以後頭也不回地走了。

午餐裝大滷麵的大鍋子擺在活動中心外的長桌上，熱騰騰的蒸氣緩緩上升，從一團濃濃的白煙開始，越往上越稀薄，最後消失在空氣裡。跟著白煙再向上看，夏季的澎湖天空是一整片的藍，和一絲絲偶爾經過的雲白。

營本部裡牙診組正在做器材維護，剛吃飽的家訪組卸下背了一個早上的行囊，隨意找個空地，靠著椅子、桌腳闔上眼睛休息。組長還在忙，翻了翻物流箱裡的舊訪談資料，得先整理好下午預備要訪問的家戶，等組員們清醒，她要仔細地向他們說明。

大夥吃飽了紛紛進到有冷氣的活動中心裡，生活長還握著水管，一手拿著綠色菜瓜布，把午餐吃到見底的大鍋子刷乾淨。

「晚上到國小表演晚會，這樣的話，餐盒隨身攜帶比較好，晚餐做簡單一點的餐點好了。」一面刷著鍋子，生活長一面喃喃自語。

「紀念品和急救箱都帶了嗎？還有板夾？」家訪組長叮嚀著。午休結束，陽光正烈，半小時前洗鍋子留下滿地的水，已經消散無蹤了。

「帶了！」

「好，等一下我們會坐大車去，到那邊就各自往分配好的號碼去訪喔。防晒都擦了沒有？」

「當然——」

「好，家訪組出發囉！」

「不怕太陽不怕雨，家訪融化你的心！耶～」出發前大夥把手搭在一起，在八月火球般的太陽底下，大聲吶喊。

家訪組善於觀察，也懂得傾聽。在安排上，家訪會先於醫診組前一天到村裡探訪，藉由互動與觀察，夜晚檢討時向醫診組回報，例如經濟概況、普遍存在的疾病、村民生活習慣及人口結構等等，以利隔天義診人力及資源分配。行動上，家訪組是靈活進攻的游擊兵。清晨時擠上廂型車後方的貨物區，到了劃分好的地區，再一一卸下各小隊，分

頭行動、各點擊破。

「來，一人一張號碼牌，等一下憑牌子領紀念品。」經過大廟前面，爺爺奶奶叔叔阿姨坐滿了棚子底下，前面是賣山苦瓜精力素的郎中。

郎中口中的紀念品是聽完「賣藥秀」以後可以得到的小禮物，大概是臉盆、毛巾、衛生紙一類的日常用品。

「來，跟你們介紹這款苦瓜精力素，這不是藥，這是保養身體、天然植物提煉的精華。裡面吼，還有加韭菜籽、黑芝麻、大豆蛋白，很多好東西都有，長期吃，人會比較有精神、尤其老人家洗腎比較虛，吃這個作溫補，很有用。來，我來播一段影片給你們看。」

大型的貨車上，擺滿了山苦瓜精力素，還有一臺音響和電視機。影片裡播出的是標準的第四臺廣告，老一輩的大明星、聽起來很有效的配音、萬年不變的場景、和吃了會活跳跳的仙丹妙藥。

「看到沒——是不是很厲害，我自己也有在吃，真的很有效！等一下吼，要買的直接舉手，我們小姐會去你那裡登記、收錢。給你一張收據，你拿收據再來領就好。難得來到澎湖吼，一定要撒必思一下，這一盒四百、三盒，算你們一千就好。」郎中先生用力地敲了一下桌子，繼續喊聲。

「我不是天天來喔，下次來不知道什麼時候。要買就不要猶豫，趁這次趕快買！來，一盒四百，三盒一千！」

嘩嘩嘩，好幾個爺爺奶奶舉起手，掏出一千塊。

「阿公——那臺快艇是你的喔！」

「對啊，怎麼樣，要不要載你們去兜兜風？」

「不行啦，阿公我們等一下還要去訪問別人。」

「我技術很好耶，平常都靠那一臺去捕魚。」阿公家裡擺滿了釣具、漁網，還有大型馬達、機具、散落一地的修船工具等等。

「阿公——你跟誰住啊？」手裡的家訪問卷，到了家庭狀況那一欄。

「牽手啊。兒子在臺灣工作啦。」

「哦——阿嬤在睡覺喔？」

「沒有啦——都幾點了還睡覺，她去外面撿海菜啦。」

「撿海菜——該不會是房子外面的堤防那裡吧？」我們走進阿公家前，才和阿嬤聊了一會。全身包得嚴嚴實實地，只留一條線是眼睛，阿嬤正好要爬下堤防的樓梯，在岩塊與珊瑚礁之間找尋附生的海菜。

「對啦，應該只有她在撿。」

「哦——那你們平常都吃什麼啊？那是你們的早餐嗎？」桌上擺了盤蒸魚，和一碟白菜乾。

「對啊，吃不完就當中餐。我抓到什麼我牽手都會煮啦，她煮菜很好吃。」阿公笑瞇瞇地打開蚊帳，「你們聞，有沒有香？」

「阿嬤失憶了——」阿滿站在廚房，努力地向我們說明這個家裡發生了什麼事。她很靦腆，靜靜地倚著門邊。

她是飄洋過海來的女兒，這兩年三個月的時間裡，她比阿嬤的親生女兒還要親。煮飯洗衣、打掃清潔、餵阿公阿嬤吃藥……她都一手包辦。她說，再兩個月她就要回家了。她自己的媽媽和乖女兒都很想念她。

「阿公呢？」

「阿公一年前摔倒，就變這樣了。」客廳擺了一張病床，阿公躺在上面。張著嘴呼吸，眼睛全皺在一塊。阿嬤就坐在旁邊的板凳上，表情空洞地看著前方。

「阿嬤一直都這樣嗎？」我們問。

「沒有，阿公這樣以後，她才這樣的。」阿滿來的這兩年裡，阿公跌倒成了植物人，阿嬤也失憶了。原本較為輕鬆的看護工作一下變得很吃重。

「他們吃的藥在哪裡，可以看一下嗎？」

「這裡。阿公的用袋子裝、阿嬤的用盒子。」

「你知道什麼時候要給他們吃藥嗎？」

「知道，這個紅色的是一天三次、黃色的……。」

「哇！全都記得住，妳好厲害，辛苦了。」

「謝謝。」她笑著點點頭，有點不好意思。

「他們的兒女多久回來一次啊？」

「兒女？」阿滿沒有聽懂。

「嗯——老闆，老闆多久會來一次？」

「哦——大老闆一個禮拜一次，小老闆不一定。」

「好。」

「大老闆是厲害的人，他人很好！」

「嗯？他人很好？」

「對，他來，就會送我電話卡，讓我放假去打電話。」

「妳喜歡打電話，為什麼？」

「對啊，我喜歡打電話，可以跟女兒說話。」阿滿開心地笑了。

家的方向是海洋

「你還記得當年場勘我們在花宅玩躲貓貓嗎？」他一邊討論著服務，想起了那年的回憶。

「記得啊，當鬼的要在電話亭數到五十，然後才能找。」黃河說。

「對，你也還記得電話亭！那時候只覺得那裡的建築好有古味，沒想到就是花宅古厝。仔細想想，這些我們每年服務的地方，每一村都很有自己的特色。」

望安鄉花宅是澎湖保留完整的集體古厝民宅，在那裡，斑斑剝落的壁垣、星羅棋布的古厝，三百年以上的傳統閩南式建築及其窗、門樓、壁磚、燕尾脊皆被完整保留下來。百年來，這裡歲歲年年安靜一如逕自美麗的天人菊，無聲無語，紛紛開落。花宅，這浪漫的名字，開滿了花似的，牆上、瓦上、門上、新翻的土與奔跑著的腳步。

從望安到下一個服務據點——將軍村，須要搭上私人的計程船，經過十五分鐘船程即可抵達。村長告訴我們，將軍嶼在六、七〇年代曾經繁華一時，有「小香港」的稱號。那時候小小的島上，有近八千名的住民，占了望安村的一半人口。繁華的原因來自其得天獨厚的天然資源，包括洋流帶來豐富的漁獲、以及海底的珊瑚、島上的文石等都是高獲利的產品，將軍嶼隨處可見的三、四層高樓房，在當時，可是有錢人才蓋得起的。

但是，隨著珊瑚限採、魚源枯竭，將軍的美景如一夜凋謝的曇花，不復存在。

原先八千人居住的島嶼，一下只剩下不到一千人。人口大量外移、近海處堆滿垃圾、國小找不到老師、醫療資源僅一座衛生室……竟成為將軍在繁華榮景四十年後的真實寫生。

這一年，我們走過本島湖西鄉十四村、離島望安鄉、將軍嶼。

湖西十四村從二〇二縣道開始，繞接二〇四縣道，即可走遍十三村，第十四村稍遠，要往馬公方向，遇到二〇三縣道右轉，直行經過安宅、許家古厝以後方可到達鼎灣村。

鼎灣活動中心旁的開帝殿，是這裡的信仰中心。相傳，開帝殿中供奉的神農氏神像，是居民在海邊偶然拾得的浮木，受開天仙帝的囑託後雕刻完像。殿裡有古老的藥籤，廟公說，只要村民有病痛，仙帝

便會賜予藥籤治病。以前求的人多，現在幾年幾乎沒有了。我們認真地研究了一番，上方寫著綠豆、扁豆、薏仁、茯苓、麥芽……不像什麼藥方，倒像是食補全集。

阿滿的家在湖西村，因為鄰近二〇二主縣道，生活機能便利，也比較繁榮。村民們很好客，家庭經濟狀況平均而言高於其他村。找到縣道上「勝龍國術館」以後，往左一彎，經過兩旁比人高的野草叢與群聚的咾咕石屋，就能見到紅羅活動中心。四年來，那裡是我們的服務總部。

北極殿坐鎮，殿前是一片寬闊的大廣場，石磚鋪地。此處舊稱「紅羅罩」，落日餘暉時，陽光恰好沒入北極殿西側的海灣，其水氣氤氳，光線在經過水氣與微粒的散射後，透出波長較長的紅、橙光，若再有雲，則成深淺錯落的雲霞。滿天紅霞，恰如紅羅罩頂，故有此稱。紅羅罩，若以臺語發音像「阿娜答」，聽起來浪漫極了。孩子騎著單車咻地溜過，老人家坐在大殿旁搧涼，近晚

的紅羅美景，已是我們記憶裡難以抹滅的一幕。

中心旁再往上走，繞過羊腸小徑，便到了西溪村。這兩村的分界線在哪，我們從來也弄不清。有時面前這一戶是紅羅，轉過身的那一戶竟是西溪。活動中心對面有一家雜貨店，裡面賣的是醃漬的紅魚片、香菸糖、麵茶粉、巧克力條、仙楂丸、嗶嗶啵啵腳丫糖……。

第四年到澎湖，二〇二縣道上擺了新置的裝置藝術——四隻古銅色的大牛。再往前看到「青螺沙嘴」的告示牌，沿著小路前行，就能到白坑、青螺村。路一開始是密集的房舍，越往前則越荒涼，兩邊是一畦畦的菜宅，種著比人還高的玉蜀黍和嫩綠的白菜。

初到青螺，首先會看到一座公車站，木製的亭子、長椅配上後方牆上的彩繪，再站一只郵筒和綠意盎然的榕樹，總讓我們想起龍貓車站。旁邊的老房裡住著年過九旬的奶奶，嫁來澎湖的媳婦陪著老媽媽坐在木椅上，遇見的時候，她們已經坐了一下午。

「那一戶人家有人住嗎？」訪問完奶奶，我們指了指一旁緊閉的大門。

「黃仔啊，上個月過世了。」

李、黃是青螺的大姓，在澎湖，有許多由同姓氏族形成的聚落。其「阡陌交通，雞犬相聞。黃髮垂髫，並怡然自樂」的美景還是存在的，然而，現實狀況可能多了一點無奈。因為年輕一輩人口外流，我們看見，青螺與白坑的獨居、空屋比例比其他村都來得高。

隨處可見的空屋只剩兩面半的牆，門上的桃符褪成灰白色，兩扇門一扇關著，另一扇已不見了蹤影。看進去，屋樑、灶爐、桌椅傾圮頹敗，散落各處。但再往更裡看，裡頭倒一點也不顯破舊，磚地的破裂處冒出嫩綠，原本該是客廳的地方也被茂盛的綠意占據，呼吸間盡是自然。

二〇二縣道經過一處上坡以後，看到「南寮村」告示牌左轉後便到了南寮、北寮村。這幾年經過地方人士的奔走努力，將小村莊結合傳統藝術景觀，南寮，已是我們心裡最美的巷弄。再往北行即是北寮，北寮村近海也傍山，右方的小丘長滿了強勢的銀合歡，夏天來時，站在活動中心前的斜坡上，右手一捧小丘上的翠綠，左手則是無邊無際的靛藍，陽光燦燦。

向晚的時候，站在後方的堤防，陽光尚未沒入海平面以前，能看見澎湖最美的一幅

夕照。最遠處模型一樣的小房籠罩在夕陽中，幾抹雲霞。天空像張沾濕而暈開的色紙，由上而下是深藍、青藍、淺藍、粉紅、淺橘、鵝黃、橘紅，與地平線上點點燈光。深藍的色紙上，畫著一彎新月。

二〇二後段及二〇四縣道上，來到澎湖的至東處，循著觀日樓的指示牌一路前進，便能找到菓葉活動中心，兩者比鄰。天未亮的清晨，摸著微曦的日光站到觀日樓上，等待橙紅色的太陽忽地跳出水平面，舉起整片天光。據說天氣好的日子眺望東方，還能見到中央山脈。

縣道再往前進，向左是龍門村東邊，老年人口較多，是龍門信仰中心與活動中心所在，村西邊因地處港口，則為壯年人口聚集地區。

行過龍門以後，不一會兒能見三柱高高聳立的彩繪煙囪，表示到了尖山村。煙囪是火力發電廠的指標，最近也成了著名景點之一。尖山地大，居民住處分散，而且活動中心的位置在尖山村角落，村民不易前往。這也是我們一直想改善的缺點，因為地遠，村民就診人數一直是所有義診站裡的最後一名。

二〇四縣道一路向馬公，前為林投、後為隘門村。聽當地人說，隘門沙灘十年前讓人不忍回想，因盜採砂石業者闖入，將貝殼與沙地蠻橫地掏空成裸露的岩層，海灣成了垃圾山。一直到老村長即時趕到，以愚公移山之姿，在海邊架起綿長的攔沙網，留住珍貴的沙；將垃圾與亂石撿拾乾淨，慢慢地復原隘門沙灘原來的面貌。十幾年過去，原本只剩下黝黑玄武岩的岩層，竟「長」出滿滿的沙，一路向林投沙灘延伸，最終相扣為一。老村長的堅定，成功地為隘門留下一里屬於自己的沙灘。

隘門村同時也是機場所在。與林投兩村的觀光發展較為發達，經濟上平均而言也優於其他村，在主縣道上，甚至開了間家醫診所。因此，需要煩惱的不是醫療資源不足，倒是看爺爺奶奶桌上滿滿的保健營養品、電臺神藥、高級食材如燕窩、人參、雞精，我們反而頭痛了起來……。

「最後一個問題，是因為服務學習讓你決心回到家鄉辦醫療隊嗎？」

「我想是的。服務學習讓我更清楚自己的價值，因為想實現這份價值，也想為家鄉做些什麼，當初才和夥伴一起投入醫療隊，希望為這裡的資源不均與教育做些我們有能力做的事。」黃河說。

聊了一上午，暖暖的陽光透進馬公港邊的咖啡店，兩杯茶早已見底，留下一圈淡淡的茶漬。實在懶得找紙，桌上用來墊餐具的紙被我們畫滿了筆記，關於服務、關於這些故事。右手邊是海，無窮無盡的海，捲著白浪，將大片大片的陽光揉得細碎。這面海，對澎湖的孩子來說再熟悉不過，澎湖的孩子在海的懷抱裡成長，他們的浪漫，是海洋的藍色。

回家，回到生於斯長於斯的土地，學校裡老師教會我們讀書認字的地方，月光下蹦蹦跳跳玩耍著的小路。湍湍的河川裡，我們想作逆流而上的鮭魚，回到那灣清澈的水，穿透水的陽光照在河裡的大石頭上，底下的小窩，是我們安睡的地方。

這是藏在我們心中，一座單純美好的小鎮。

訪談——黃鉉亮〈第二屆馬公高中醫學營學員、天人菊計畫志工〉

問 選擇念護理系的原因？

黃 其實我很早就決定考醫學相關科系，當初親人生病，看到家裡的長輩們急得不得了，除了煩惱卻什麼忙也幫不上，那時候就下定決心了，希望如果親人生了病，自己可以幫得了忙。

問 參加天人菊計畫以前，是否做過其他類型的志工？

黃 之前在惠民醫院當志工，那裡是安養院，住的都是老人家，我們幫忙護理師做些簡單的事情，印象深刻的是要餵爺爺奶奶吃飯，因為他們手比較沒有力，這件事是很近距離的，開始要想用什麼姿勢、餵得快或慢比較好，要很注意各種狀況、表情，才不會讓他們不舒服。還認識一個阿嬤，她以前是將軍人，務農的，因為我阿嬤也務農，所以跟她好像比較有話題。去了第二次，阿嬤就認得我了，走經過她的房間時，阿嬤很開心地把我叫住，要跟我聊天。

問 跟著我們去三、四次家訪，有沒有什麼家訪的心得？

黃 上次天人菊，去訪某一戶的時候，還沒進門就被女兒不太高興地拒絕了，記得她說：「我們不需要。」這讓我想到，做這些服務、衛教不能太強求，我們一方面給他們建議，一方面要留空間給彼此。就像可能我們覺得拾荒、遊民很辛苦，但是說不定他們很習慣了，根本不想要改變，沒有誰可以強迫他們改變。我們也不可能改變每個人，只要有一些人因為我們而變好就要滿足了。

問 有任何對服務隊的建議嗎？

黃 之前有些點子曾想過，例如你們兩個月來一次，就可以派作業給這些爺爺奶奶，血壓、血糖紀錄簿之類的，要他們下次檢查，說不定因此養成好習慣。還有可以把現在的訪視資料電子化，跟社福機構連線，兩個團隊一起合作，讓他們平常也有專門的機構關心。

問 參與服務志工的經驗，讓你學到什麼嗎？

黃 一是印證，以前很難想像人家說的不孝或經濟情況差，可是家訪和醫院志工都讓我真實看見了，這些是真實存在社會上的。二是反省，以前不愛聽爺爺奶奶講東講西，可是服務過後，才開始反省為什麼有時對他們不耐煩，也慢慢察覺到他們很關心我們。後來我跟爸媽講我的想法，好像讓爸媽也開始認真反省。還有之前家訪，剛好你們建議奶奶換藥，因為那一類藥的副作用開始出現了，回到家，竟然看到我奶奶也有一樣的副作用，立刻帶她去找醫師討論換藥，一陣子以後就好了。

這次你怎麼

本书中任何违反一个中国原则的立场和内容词句一律不予承认

作　　者　陳政宇

發 行 人　林敬彬
主　　編　楊安瑜
副 主 編　黃谷光
責任編輯　黃谷光
內頁編排　黃谷光
封面設計　張雅翔（CAT BELL STUDIO）
編輯協力　陳于雯・曾國堯

出　　版　大旗出版社
發　　行　大都會文化事業有限公司
11051台北市信義區基隆路一段432號4樓之9
讀者服務專線：(02) 27235216
讀者服務傳真：(02) 27235220
電子郵件信箱：metro@ms21.hinet.net
網　　　　址：www.metrobook.com.tw

郵政劃撥　14050529 大都會文化事業有限公司
出版日期　2016年12月初版一刷
定　　價　350元
I S B N　978-986-93931-3-3
書　　號　B161201

First published in Taiwan in 2016 by Banner Publishing,
a division of Metropolitan Culture Enterprise Co., Ltd.

4F-9, Double Hero Bldg., 432, Keelung Rd., Sec. 1, Taipei 11051, Taiwan
Tel: +886-2-2723-5216　Fax: +886-2-2723-5220
Web-site: www.metrobook.com.tw　E-mail: metro@ms21.hinet.net

◎本書如有缺頁、破損、裝訂錯誤，請寄回本公司更換。

大旗出版 BANNER PUBLISHING　大都會文化

國家圖書館出版品預行編目（CIP）資料

這次你怎麼沒有哭？/ 陳政宇著.
-- 初版. -- 臺北市：大旗出版：大都會文化發行,
2016. 12
288 面；21×14.8 公分.

ISBN 978-986-93931-3-3（平裝）

1.社會服務 2.文集

547.1607　　105021263

大都會文化　讀者服務卡

書名：**這次你怎麼沒有哭？**

謝謝您選擇了這本書！期待您的支持與建議，讓我們能有更多聯繫與互動的機會。

A. 您在何時購得本書：______年______月______日

B. 您在何處購得本書：____________書店，位於____________(市、縣)

C. 您從哪裡得知本書的消息：

1.□書店　2.□報章雜誌　3.□電台活動　4.□網路資訊

5.□書籤宣傳品等　6.□親友介紹　7.□書評　8.□其他

D. 您購買本書的動機：（可複選）

1.□對主題或內容感興趣　2.□工作需要　3.□生活需要

4.□自我進修　5.□內容為流行熱門話題　6.□其他

E. 您最喜歡本書的：（可複選）

1.□內容題材　2.□字體大小　3.□翻譯文筆　4.□封面　5.□編排方式　6.□其他

F. 您認為本書的封面：1.□非常出色　2.□普通　3.□毫不起眼　4.□其他

G. 您認為本書的編排：1.□非常出色　2.□普通　3.□毫不起眼　4.□其他

H. 您通常以哪些方式購書：(可複選)

1.□逛書店　2.□書展　3.□劃撥郵購　4.□團體訂購　5.□網路購書　6.□其他

I. 您希望我們出版哪類書籍：（可複選）

1.□旅遊　2.□流行文化　3.□生活休閒　4.□美容保養　5.□散文小品

6.□科學新知　7.□藝術音樂　8.□致富理財　9.□工商企管　10.□科幻推理

11.□史地類　12.□勵志傳記　13.□電影小說　14.□語言學習（_____語）

15.□幽默諧趣　16.□其他

J. 您對本書(系)的建議：

____

K. 您對本出版社的建議：

____

讀者小檔案

姓名：______________ 性別：□男　□女　生日：____年____月____日

年齡：□20歲以下 □21～30歲 □31～40歲 □41～50歲 □51歲以上

職業：1.□學生 2.□軍公教 3.□大眾傳播 4.□服務業 5.□金融業 6.□製造業

7.□資訊業 8.□自由業 9.□家管 10.□退休 11.□其他

學歷：□國小或以下 □國中 □高中／高職 □大學／大專 □研究所以上

通訊地址：______________________________________

電話：（H）______________（O）______________ 傳真：______________

行動電話：__________________E-Mail：______________________

◎ 謝謝您購買本書，歡迎您上大都會文化網站（www.metrobook.com.tw）登錄會員，或至Facebook（www.facebook.com/metrobook2）為我們按個讚，您將不定期收到最新的圖書優惠資訊和電子報。

這次 你怎麼
沒 有 哭？